JN085139

デジタルアーカイブ・ベーシックス

③

自然史・理工系研究データの活用

井上透［監修］

中村覚［責任編集］

勉誠出版

自然史・理工系研究データの活用

自然史・理工系研究データの活用

自然史・理工学デジタル
アーカイブの今日的意義

井上　透

1　はじめに

　アーカイブの語源は、古代ギリシアで市民を代表し、市民を管理するために法を作成し統治していた都市国家の上級政務執行官・執政官(アルコン)の家・住居「アルケイオン(arkheîon)」である。そこに政治・行政上の記録文書を収集・保管・活用することによって、前例による政治・行政的な執行を可能とする権力構造を体現していた。そこから記録を収集・保管・活用する機能とともに「記録を保存する建物」として、19世紀以来、主として図書形態化されていない文書、特に議事録や報告書、記録書類などの公式文書を保存する場所・機能を持った文書館のことを意味するようになった。

　『文書館用語集』[1)]では、アーカイブズを、「①史料、記録史料、②文書館、③公文書記録管理局、④コンピュータ用語では、複数のファイルを一つにまとめ圧縮したファイルのこと」の4種類の意味で説明している。また『文書管理と法務』[2)]の巻末用語集には、「歴史価値があり長期保存が必要な文書を収

集・保管し、利用者にサービスを提供する施設」という説明がある。現在では、図書館や博物館、自治体、企業の資料を保存・活用することも広くアーカイブとされるようになった。

　自然史・理工学の基盤は科学的な分類と言える。資料・標本だけでなく、先行研究を中心としたドキュメント、地理情報、DNA(ルーツ)情報、炭素放射性同位体(年代)情報等の関連データが集められ、比較分析研究された結果として分類が可能となる。その結果を受け、集めた資料・標本が何者であるかが、分類のための情報に加えて、例えば自然史標本であれば、窒素安定同位体(食習慣・環境)情報等が調査研究され全体像が把握される。それらが関係情報とともに博物館の資料(コレクション)台帳を中心として管理、共有化され次の研究に活用される。博物館では、実物とともにその情報がキャプションとして展示されるだけでなく、検索を通じて利用者に提供される。この「集める」、「分類の基準を作る」、収集した資料・標本を「分類」し、「管理情報を付加して保存管理し探せる状態にする」、「利用する」というのがアーカイブの基本的な概念と言える。

　デジタルアーカイブについて、内閣府知財戦略本部がとりまとめたガイドライン[3]では、「様々なデジタル情報資源を収集・保存・提供する仕組みの総体をいう。デジタルアーカイブで扱うデジタル情報資源は、「デジタルコンテンツ」だけでなく、アナログ媒体の資料・作品も含む「コンテンツ」の内容や所在に関する情報を記述した「メタデータ」や、コンテンツの縮小版や部分表示である「サムネイル／プレビュー」も対象とする。」と広い概念で理解されるようになったことは、自然史・理工系デジタルアーカイブの資料・標本を点として理解するのではなく、多様な視点から対象を構造的に把握する方向性と合致している。

　したがって、デジタルアーカイブは、公的な博物館、図書館、文書館、高等教育機関、研究機関の収蔵資料だけでなく、自治体・企業の文書・設計

図・映像資料などを含め有形・無形の文化・科学・産業資源等をデジタル化により保存し、検索により利用者の求めに応じ多様な情報を持ったメディアで継続的に提供し、人々の意思決定や創造的活動に活用するシステムとも言える。

　本巻は、第2巻で紹介済の災害を除いた、高等教育機関、自然史・理工系博物館及び研究機関が開発・運用している自然史・理工学デジタルアーカイブを対象としている。本章は、その今日的意義を博物館での活用を中心に具体的に整理したい。

2　デジタルアーカイブによる意思決定と知的生産への寄与

　情報の活用は、組織における意思決定とそのための情報処理と言える。意思決定プロセスにおける課題は、個人の情報処理能力に限界があり、その限界の中で意思決定しなければならないというアポリアとして考えられる。したがって、個人の情報処理能力を拡張するためにデジタルアーカイブを活用し、大量に集積された情報を取捨選択し意思決定を行うことには合理性があると言える。

　また、梅棹忠夫は，博物館の基本的機能を「情報産業」[4]とし、資料収集より、広く情報を収集するところとし広義にとらえた。これは、アーカイブの役目を持っていることであり、集積された情報を引き出す活動・システムを「知的生産の技術」[5]とした。そのため、1971年、他の博物館に先駆け国立民族学博物館に情報管理部門を設け、コンピュータの導入により資料のデータベース化を行った。さらに、制作・収集した大規模なアナログ映像資料を検索可能な「ビデオテーク」として提供したことは、映像におけるデジタルアーカイブの先駆的モデルと言える。

　意思決定のための知識基盤、つまりナレッジマネジメントとしてデジタル

図1　DIKWモデル

アーカイブ化されたデータを把握するのであれば、ラッセル・L・エイコフらが提唱したDIKWモデル[6]（図1）を適応することが可能である。

このモデルでは、環境(Environment)に人が認知できるが整理されていないシンボリックなデータ(Data)がある。それを一定のルールのもとにメタデータを付与し整理したものが情報(Information)となりハンドリングが可能となる。この情報は分析(統計・マッピング・レイヤー・ポートフォリオ等)・体系化を通じて傾向、法則性が発見され知識(Knowledge)に昇華する。この新しい知識・知見によって判断・行動(Action)する知(Wisdom)が生まれるとしている。

　デジタルアーカイブをベースにした知識基盤社会は、過去・現在の多様な情報を組み合わせ、新たな価値を創造する環境の実現である。J.A.シュムペーター(1883-1950)は1912年に発表した「経済発展の理論」[7]で、イノベーションとは「新結合」、すなわち「今あるものの、新しき組み合わせ、新しい結合である」とした。デジタルアーカイブは、多様な切り口での検索を可能とし、多様な情報を活用する知識基盤としての役割を果たす。こうしたプロセスにおいて、パーソナルな過去の検索履歴蓄積手法をベースとしたAIによる効率的な検索が今後、進むであろう。しかし、AIの提供する自分の思考に近い情報だけで判断するエコーチェンバー現象が問題となっている。一方、シュムペーターが指摘したイノベーションを実現するためには、セレン

ディピティーと言われる、AIに依存しない偶然的な出会いや思いがけない発見が文化や科学には必要であろう。デジタルアーカイブ活用において、多様な情報間の結び付きをモデル的に示したジャパンサーチ(ベータ版)の取り組みなど、このプロセスをサポートするデジタルアーカイブの機能が今後、必要になると思われる。この視点に関しては第1章の大澤剛士氏および第3章の玉澤春史氏、第8章の岩橋清美氏の論考を参考にされたい。

3　デジタルアーカイブの歩みから概念を把握

　次に、デジタルアーカイブがどのように発展してきたのかについて、日本での状況を概観し自然史・理工学デジタルアーカイブの今日的意義からとらえ直したい。

　わが国のデジタルアーカイブ構想は1994年頃にはじまった。また、デジタルアーカイブという言葉が造語として使われるようになったのもこの頃である。当時東京大学教授であった月尾嘉男氏が「かつての図書館などの電子版」という意味で使ったのがはじまりであると言われている。

　この経緯について、「デジタルアーカイブの構築・連携のためのガイドライン」[8]から引用する。

　　「デジタルアーカイブという言葉は、1996(平成8)年に設立された「デジタルアーカイブ推進協議会(JDAA)」の準備会議の中で月尾嘉男氏(東京大学教授(当時)。平成14〜15年総務省総務審議官、現在、東京大学名誉教授)から提案され、広報誌『デジタルアーカイブ』で初めて公表されました。デジタルアーカイブ推進協議会において、その概念は、「有形・無形の文化資産をデジタル情報の形で記録し、その情報をデータベース化して保管し、随時閲覧・鑑賞、情報ネットワークを利用して情報発信」というデ

ジタルアーカイブ構想としてまとめられました。ここでは、図書・出版
　　物、公文書、美術品・博物品・歴史資料等公共的な知的資産をデジタル
　　化し、インターネット上で電子情報として共有・利用できる仕組みをデ
　　ジタルアーカイブと呼びます。」

としている。

　自然史・理工学の分野では、コンピュータが1970年代から大学・研究機
関への組織的導入からはじまり、急速に研究者や学芸員等個人レベルまで浸
透したことから、標本資料、画像、関連データ、展示・教育活用まで情報管
理が進み、情報の集積と活用であるデジタルアーカイブ化がインターネット
の普及とともに、国内だけでなく国際的な連携により開始された。

　このような活用が大学、研究機関、企業・産業、自治体で拡大し多様な分
野における活動が進んだことから、内閣府に事務局を置く「デジタルアーカ
イブの連携に関する関係省庁等連絡会・実務者協議会」は、「デジタルアーカ
イブの構築・共有・活用ガイドライン」[3](2017(平成29)年4月)において、デジ
タルアーカイブを本章の「はじめに」で引用したように、「様々なデジタル情
報資源を収集・保存・提供する仕組みの総体」とし、当初の文化資源を中心
とした概念から、多様な分野での活用へと変化した。

　技術的な側面では、1970年代にコンピュータによるデータ処理がはじまり、
その後日本語処理が画像、音声、文書、図形、位置情報等に拡がった。これ
らの多様な情報が多様なデジタル媒体で記録保管され、高速ネットワーク上
に流通し、一部はオープンデータとして利用者が主体的に情報を加工処理し
活用できる環境が整ってきた。

　さらに、スマートフォンやiPadなどのタブレットPCが急速に普及し、自
然史・理工学デジタルアーカイブによって大学、研究機関、博物館だけでな
く、人々が日常生活の中で必要に応じて主体的に自然史・理工学に関する情

報を収集・活用できる知識基盤社会が現実のものとなりつつある。

4　デジタルアーカイブの特色

　我が国の文字情報のデジタル化は、漢字がコンピュータで利用されはじめた1980年頃から本格的にはじまり、文書がデータベース(大量のデータを統一的に管理したファイル)を用いて保管されるようになってきた。例えば、文書のデジタルデータに、何の文書か、いつ書かれたか、誰が書いたか等や、簡単なキーワード等のメタ・二次情報を付けたデータ管理がはじまった。その後、画像・図形・文字・音声等を総合的に保管するマルチ(クロス)メディア型の記録が進み、デジタルアーカイブが発展した。

4-1　マルチ(クロス)メディアとは何か

　デジタルカメラ、スキャナ等のデジタル機器が普及し、資料の記録保存もデジタルが一般化した。これに伴い、有形・無形の文化や産業遺産の継承にマルチメディアが活用され、大量のデジタルデータが保存されることによって利便性が高まり、流通・利用が飛躍的に拡大した。生体を対象とする自然史標本の場合、観測時、採集時の色彩を映像に固定することが調査研究を行う際、極めて重要であり、研究者や学芸員は積極的にデジタル静止画・動画の保存に取り組んだ。

　『広辞苑　第七版』[9]によると、マルチメディアとは「情報を伝達するメディアが多様になる状態。また、文字、画像、動画などの多種の情報を複合したコンテンツ。多くの場合、双方向性のある通信により提供される」となっていて、メディアの多様性とインターネットでの流通が強調されている。

　マルチメディアは、多様な分野でそれぞれ受け止め方が違い、汎用的な定義として表現が困難である。1994(平成6)年度文部科学省「文教施策のマルチ

メディアの発展の対応」では、マルチメディアの特色として、「①文字、数字、映像、音声等の多様な情報の一体的取扱いが可能であること、②一方的な情報伝達に留まらず、利用者による主体的な情報の編集、加工、検索等を可能とする機能を持つこと、③高度情報通信ネットワークによって相互に結ばれることにより、上記のような特性を生かした多様で大量の情報交流が可能になること」の3点をあげている。

4-2　デジタルアーカイブの特色

デジタルアーカイブは、それまで紙や写真、動画など別々に保存されていたメディアをデジタル記録化することにより、多様な形態のデータを統合的に保存管理することを可能にした。さらに、利用者の求めに応じ、多様なメディアを駆使し各データに関係性を持たせて提供することができる特色がある。現物・活動の記録方法には、これまでの静止画、ビデオ等を使った動画や音声を主とした撮影の記録に加え、文字による解説、GPSを用いた地理情報、立体スキャナを用いた立体構造のデータ化等、新しい記録方法が活用されている。

また、インターネットを中心にした通信メディアを用いて、世界中から伝えられてくる多くの自由利用・パブリックドメインのデジタルアーカイブから、必要な情報をリンクし活用することができる。

4-3　デジタルアーカイブの対象

当初デジタルアーカイブは、文化財、文化活動、標本等の現物が対象であった。しかし、情報化社会において、継承、活用すべき対象は教育や科学技術、産業技術を含め多様化してきた。現状では大きく実物・活動、証言・口承(オーラルヒストリー・エスノグラフィー)、印刷物、通信(インターネット、テレビ、ラジオ)、デジタルメディアが対象として考えられる(図2)。

これらの対象を情報源として、動画、静止画、文章、音声、数値などのデジタルデータを作成しデジタルアーカイブとして統合的に蓄積し活用することに特色がある。

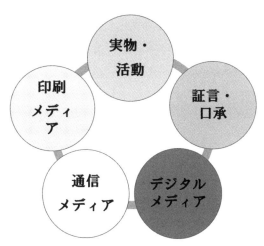

図2　デジタルアーカイブの対象

4-4　多様なデータの関連付け

　膨大なデジタルデータを収集したとしても、このままでは巨大な情報の中から利用者が求めるデータを取り出すことはできない。

　そのため、例えば自然標本の場合、採集・目撃された日時、発見者、発見場所の緯度経度・海抜、標本保存場所、分類、分類上の位置づけ等のメタ・二次情報を付与することにより、大量のデータの中から、特定のテーマに関連付けられた映像(動画・制止画・エックス線画像)、音声、テキスト、数値等多様なメディアで存在しているデータを的確に探し出し、活用をスムーズにするという特色がある。

4-5　ユニバーサルデザイン

　デジタルアーカイブをノーマライゼーションの視点から評価すると、子ども・大人、外国人、障害者、高齢者等、多様な利用者に対して、最適化された映像、音声、コンテンツ、印刷等のメディアを利用して情報を提供するユニバーサルデザインの実現とその高度化が持つべき機能としてあげられる。2013（平成25）年12月の博物館総合調査[10]によると、「力を入れている博物館活動（1番目）」（表1）では、自然史42.4%、理工系53.4%が教育普及活動であり、展示活動ではない。デジタルアーカイブを活用の側面から見ると、博物館の教育普及活動や大学等高等教育機関での利用にあたっては、多様な利用者への開発視点が求められる。

表1　力を入れている博物館活動（1番目）[10]

		調査研究活動	収集保存活動	展示活動	教育普及活動	レクリエーション	無回答
		最も重視する活動（比率）					
館数	総合	20.2%	7.3%	42.2%	25.7%	1.8%	2.8%
	郷土	4.2%	15.8%	58.9%	18.2%	0.7%	2.1%
	美術	4.4%	5.9%	82.5%	5.1%	0.4%	1.7%
	歴史	7.3%	12.6%	60.2%	16.8%	1.7%	1.3%
	自然史	14.1%	6.5%	32.6%	42.4%	1.1%	3.3%
	理工	1.0%	1.9%	40.8%	53.4%	1.9%	1.0%
	動物園		7.0%	72.1%	4.7%	14.0%	2.3%
	水族館	3.8%	1.9%	67.9%	9.4%	15.1%	1.9%
	植物園	12.5%	2.5%	52.5%	22.5%	10.0%	
	動水植物園			75.0%	8.3%	16.7%	
	全体	6.8%	10.0%	62.2%	17.3%	2.1%	1.6%

4-6　デジタルアーカイブ開発の方向性

　それでは、利用者はどのようにデジタルアーカイブを選択しているのであろうか。青少年から高齢者までの広い世代がスマートフォンや携帯電話、タブレットPCを持ち、インターネットにアクセスする高度情報化社会が到来した。一般的な消費行動の分析には、（株）電通が商標登録した購買行動の

プロセスモデルであるAISAS アイサス(Attention(注目)→ Interest(興味・関心)→ Search(検索)→ Action(行動・購入)→ Share(情報共有))が利用されている。

　ここでは、アイサスモデルの「Search(検索)」と「Share(情報共有)」に注目したい。圧倒的な量の情報は個々人の情報処理能力を超えている。しかし、ネット環境の充実は、検索行動の定着化、SNS の爆発的普及による情報発信・共有行為の増加という調整機能を生み出した。

　また、マスメディアや図書館、博物館等からの一方的な情報の流れではなく、消費者が能動的に内容を創るCGM(Consumer Generated Media)の影響が増大している。

　自然史・理工系デジタルアーカイブ開発についても、前述の教育普及への利用とともに一般利用者を意識するなど、環境の変化を前提とした利用者の分析と対応が必要となっている。

　今後のデジタルアーカイブ開発にあっては、目的と対象の明確化によるユーザー主体、つまり、ユニバーサルデザインを基礎にした人と人とのコミュニケーションを円滑にするコミュニケーションデザインがより重要視される。さらに、対応の結果としてアクセス数やGoogle、Yahoo! 等の検索エンジンによるヒット数等に現れる数値的な評価により、社会での有効性を証明しながらデジタルアーカイブを持続的に運用していかなければならない。

　従来、資料(情報)は固定したメディアで取り扱われてきた。例えば、図書は印刷メディアに固定され、画像はフィルムや印画紙に固定され、音は楽譜(印刷メディア)やテープ・CD・DVD に固定される。そしてどのメディアに固定するかは、もっぱら資料の提供者が選んできた。

　しかし、これからのデジタルアーカイブにおいては、資料は、入力メディアと出力メディアを独立に扱うことができるという観点が必要である。特に出力メディアに関しては、利用者が利用目的に応じてメディアを選び、あるいは複数のメディアを組み合わせて活用することができるようにしておくこ

とで、子ども、障害者、高齢者、外国人に配慮したユニバーサルデザインを実現することが可能になる。

それだけでなく、利用者が利用目的により資料(情報)を加工処理・二次利用できるようにシステムの性格をユニバーサルデザインとして提供することが求められている。

ユニバーサルデザインとは、障害や不自由(年齢、言語)を持つ人に配慮するノーマライゼーションの理念から、利用者が求めるユーザビリティ(usability、使いやすさ)とアクセシビリティ(accessibility、近づきやすさ)が実現したものとも言える。

ユーザビリティとは、デジタルアーカイブを一般・標準的な操作手順で取り扱えば、目標とするデータを得ることができる「使いやすさ」の程度・度合いである。例えば、デジタルアーカイブが提供されるトップページを一目見て、どのようなWebサイトであるかがわかる。また、メニューの位置が適切であり、情報が整理され選択肢も少なくシンプルで、目的とする情報がどこにあるのかわかる。シンボライズされたピクトグラムや統一された色調でデザインされ、ユーザーが迷うことが少ない。使用時にとまどいそうな箇所には、適切な案内がついている等が「使いやすさ」をはかる目安となる。

アクセシビリティとは、パソコンやタブレットPC等、多様なデジタル機器やソフトから閲覧できることをめざす度合いである。デジタルアーカイブは、単一の機器や特定のOSだけを前提に開発・提供することは避け、社会に流通している標準的なハードやソフトで利用できなければならない。

4-7　オープンデータ化

デジタルアーカイブは公共財・オープンデータとしての性格を有することが求められてきた。オープンデータとは機械判読に適したデータであり二次利用(ライセンス表示が必須)が可能なデータとされている。

クリエイティブ・コモンズ・ライセンスとは、著作権者の許可する範囲内であれば自由にコンテンツを使用できることを証明し、作品の流通を図るための活動全般と、活動する団体(活動母体はアメリカの非営利団体)を指す。各国の著作権法に則った活動が行われており、日本はクリエイティブ・コモンズ・ジャパンが日本の著作権法に準拠した規定を設けている。「BY(表示)」、「NC(非営利)」、「ND(改変禁止)」、「SA(継承)」の4要素の組み合わせは、実質6種類であり、この他に、著作権上の全ての権利を、法令上認められる範囲で放棄するパブリックドメインに関する「CC0」、「PD」の2要素(種類)がある。

　なお、2016年の官民データ活用推進基本法(平成28年法律第103号)において、国及び地方公共団体はオープンデータに取り組むことが義務付けられている。オープンデータへの取り組みによる提供データ数の増加によって、国民参加・官民協働の推進を通じた諸課題の解決、経済活性化、行政の高度化・効率化等が期待されている。

5　自然科学・理工系博物館展示・教育でのデジタルアーカイブ利用

　博物館法における博物館の定義(博物館法第2条第1項)は、「歴史，芸術，民俗，産業，自然科学等に関する資料を収集し，保管(育成を含む)し，展示して教育的配慮の下に一般公衆の利用に供し，その教養，調査研究，レクリエーション等に資するために必要な事業を行ない，あわせてこれらの資料に関する調査研究をすることを目的とする機関」である。これらを整理すると、博物館では収集した資料・標本を調査研究により、分類・同定などを行い、メタデータを付与しこの資料が何者であるかを明らかにして保存・継承する。そして、資料・標本を使って調査研究の結果を展示する。さらに、資料・標本を教材として、調査研究の成果と、効果的な展示を使い教育(教育普及活動)、学習支援を行うことである(図3)。

図3　博物館の役割と活動

　また、博物館法における博物館の資料の定義(博物館法第2条第3項)は、「こ
の法律において「博物館資料」とは、博物館が収集し、保管し、又は展示する
資料(電磁的(電子的方法、磁気的方法その他人の知覚によっては認識することの出来な
い方式で作られた記録をいう)を含む)をいう」となっており、実物標本だけでなく、
資料を理解するための動画・静止画、音声、地理情報、関連数値データを含
めて博物館資料となっている。

　これらを前提に、展示活動や教育普及活動を考えると、それらは博物館に
収集した資料を調査研究によって、(分類、時代、収集場所、作者、来歴、発見者・
コレクター、関連データなどの)メタデータを明らかにし、その成果を展示や教
育に活用することである。

　また、展示や教育活動は博物館の持つ設置目的・ミッションから生まれた
メッセージを社会に発信することで、来館者は展示・教育資料から発生する
メッセージとコミュニケーションを行い、自己の知識や感性を広げ、再構築
する契機となるのである。

5-1　アーカイブとしての博物館

　博物館は多様な資料・標本を収集し後世に伝えるミッション・機能を持つ
と言える。博物館で人々は実物資料・標本と向き合い、学芸員や研究者と対

話し、新たな感動、驚きを受ける。この積み重ねが感性を育て、好奇心をかきたて、もっと知りたい、自分でもやってみたいという気持ちを引き出すことになる。別の観点では、博物館は資料・標本(モノ)を体系的に収集し、資料に即して継続的に調査研究を行い、調査研究によって価値づけられた資料を次世代に継承するアーカイブの基本的な機能を持っている。

そこで一般化しつつあるのは、ICTによる資料・標本台帳のデータベース化と研究や学習事業に役立てるために構成されたデジタルアーカイブ、展示・教育解説のための映像やテキストなどのデジタルアーカイブ化である。これらは、多様な博物館ユーザーに対するコミュニケーションデザインとも言える(図4)。

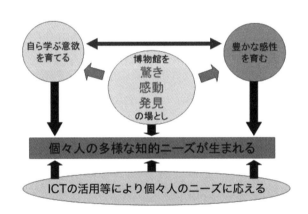

図4　本物と出会う学びの展示とICT

5-2　周辺資料のアーカイブ化

資料や標本などと異なり博物館や大学に収集・展示できない資料であっても、標本資料の理解を深め展示資料の理解を深める情報はアーカイブ化の対象となる。具体的には、自然環境や歴史的建造物、産業遺産、祭・民俗行事などの映像、研究・技術開発者のオーラル・ヒストリーによる歴史的証言な

どの口承がある。時間軸では、絶滅や破壊に瀕しているものや、研究・技術開発を担った人材の高齢化、産業技術後継者の不在などにより早急に情報の保存が必要なものが重要視される。

6　自然科学・理工系博物館展示・教育でのデジタルアーカイブ利用事例

　国立科学博物館を中心にデジタルアーカイブの活用事例を大きく二つに分けて紹介したい。

　その前に国立科学博物館の全てのデジタルアーカイブのベースとなるのは、標本・資料統合データベースである。このデータベースができるまで、各分野の研究者が独自に管理し、統合的な管理や横断的な活用が不可能であったが、コレクションディレクターの設置を契機に、国立科学博物館が所有する様々な標本・資料を横断的に検索できるサービスとして開始した。

　標本・資料統合データベース[11)]には2020年2月27日現在、215,664件が収録されている(図5)。さらに、国立科学博物館が中心となって全国の自然史系博物館、大学と連携した日本の自然史標本ネットワークである「サイエンスミュージアムネット(S-net)」、さらに全世界で約13億件が提供されている「GBIF(Global Biodiversity Information Facility、生物多様性情報機構)」とリンクしている。

6-1　資料・標本の研究活用に役立てるために構成されたデジタルアーカイブ
①図鑑型デジタルアーカイブ
　最新の研究成果により作成した資料・標本を図鑑的に提供し、インターネットを通じて博物館や学校、研究機関での活用を図る目的で開発されたデジタルアーカイブであり、以下の三つのデータベースが代表的なものとしてあげられる。

図5　標本・資料総合データベース[11)]

・タイプ標本データベース(国立科学博物館)

　国内の5,257件のタイプ標本(学名を新種と論文に発表・記載した際の実物標本)を多方向から撮影した高精細の画像を提供している[12)](図6)。分類のための基礎調査をネットで行えることから、博物館の果たす調査研究の役割として最も重要なデジタルアーカイブと言える。

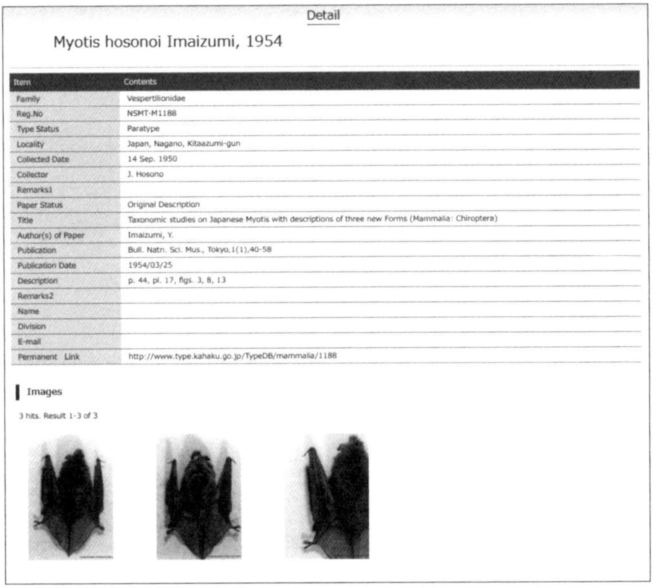

Detail

Myotis hosonoi Imaizumi, 1954

Item	Contents
Family	Vespertilionidae
Reg.No	NSMT-M1188
Type Status	Paratype
Locality	Japan, Nagano, Kitaazumi-gun
Collected Date	14 Sep. 1950
Collector	J. Hosono
Remarks1	
Paper Status	Original Description
Title	Taxonomic studies on Japanese Myotis with descriptions of three new Forms (Mammalia: Chiroptera)
Author(s) of Paper	Imaizumi, Y.
Publication	Bull. Natn. Sci. Mus., Tokyo,1(1),40-58
Publication Date	1954/03/25
Description	p. 44, pl. 17, figs. 3, 8, 13
Remarks2	
Name	
Division	
E-mail	
Permanent Link	http://www.type.kahaku.go.jp/TypeDB/mammalia/1188

Images

3 hits. Result 1-3 of 3

図6　タイプ標本データベース[12]

・魚類写真資料データベース（神奈川県立生命の星・地球博物館、国立科学博物館）

　スキューバダイビングの専門誌で募集を行うなど600人以上のダイバーの協力で、約2,700種134,591件の画像を提供している国内最大の自然史画像デジタルアーカイブである[13]（図7）。神奈川県立生命の星・地球博物館が40名のボランティアを中心にデータをとりまとめ、国立科学博物館を通じて公開している。市民科学の一つの形態である、市民参加型の画像収集であり、博物館連携の成果でもある。詳細については第4章の大西亘氏の論考を参照されたい。

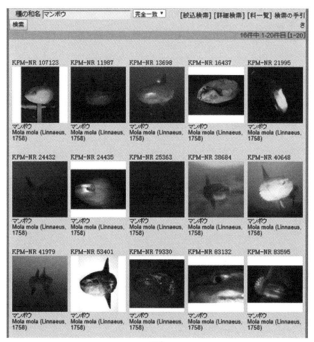
図7　魚類写真資料データベース[13]

・HITNET産業技術史資料共通データベース（国立科学博物館）

　全国の産業技術系博物館が収蔵する資料の情報を、国立科学博物館産業技術史資料情報センターの共通サーバーに収録し、ネットを通じて横断的に検索し活用ができる[14]（図8）。公開した情報には、資料の名称、特徴、映像が含まれている。

　別途、各業界団体の協力を得て収集した産業技術史資料データベース[15]があり、所在（所有者）、所在地、制作年、調査機関団体、映像を提供している。

　両者とも、国内で類例を見ないデジタルアーカイブであるが、画像の解像度、複製を禁止しているなど課題が多い。

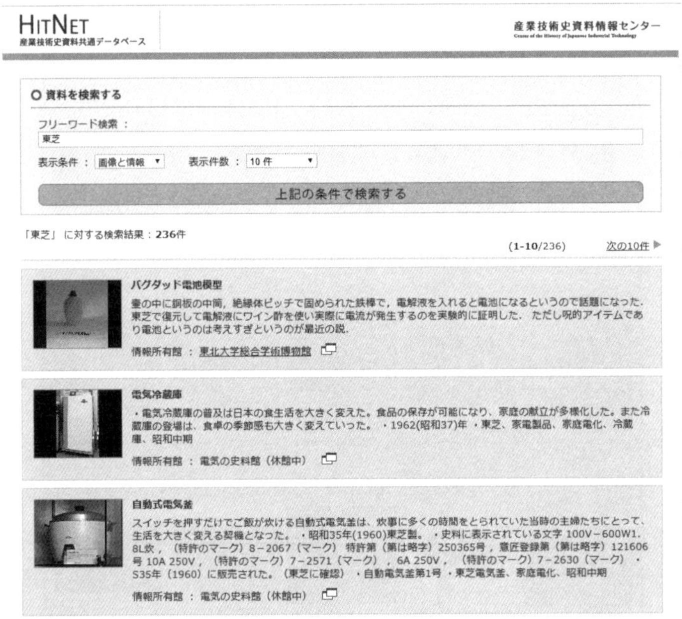

図8　HITNET産業技術史資料共通データベース[14)]

②学習支援型デジタルアーカイブ

　最新の研究成果を反映させた体験型学習コンテンツを、インターネットで提供することによって、学校や家庭での活用を図った一般向けのデジタルアーカイブである。デジタルアーカイブは悉皆データと思われがちであるが、提供するデータを精選し学習コンテンツとして提供している。自然史・理工学デジタルアーカイブの教育利用については多様な形態がある。大学から提供されるデータについては第6章の中村和彦氏の論考を参照されたい。

・自然教育園ヴァーチャル・ガーデン(国立科学博物館)

　四季に応じた動植物に出会えるバーチャルウォークは、来館者の事前学

習だけでなく病気や高齢者など様々な理由で訪問できない市民に人気がある[16]（図9）。

図9　自然教育園ヴァーチャル・ガーデン[16]

・磯の動物観察会（国立科学博物館）

　磯の動物観察にとって、必要な用具や観察方法とともに重要なことは、観察した動物が何者であるかを知ることである。スマホやタブレットPCと高速通信回線の活用で、自然観察をしながら、採集した動物の同定を可能としたコンテンツである[17]（図10）。

図10　磯の動物観察会[17]

6-2　展示解説のための映像やテキストなどのデジタルアーカイブ化

2004年から稼働している国立科学博物館展示解説システム導入の狙いは、①子どもから高齢者、障害者、外国人等多様な来館者に応じたユニバーサルデザインによる解説の提供、②展示場を美的空間へ変換、③来館前も来館後も展示解説を提供することである。それを可能にしたのは展示解説のための映像やテキストなどのデジタルアーカイブ化と情報機器の整備であった[18]（図11）。

①については、大人だけでなく子ども向けに解説文や図表を開発・階層化し、また、日英中韓の多言語化、音声ガイド等、提供手段の多様化を実現した。②については、解説をPC（キオスク端末）に集約しパネルの縮減を行い、パネルへの照明を大幅に無くすことで展示空間での効果的な照明を可能とした。③については、館内で提供している全コンテンツの権利処理を行うことで見学前にウェブサイトから閲覧可能にしたこと、来館時はICカードの採用でPC解説の閲覧履歴を利用者に提供し、帰宅後にウェブサイトから展示解説を閲覧することで、事後の学習を促進したことである。

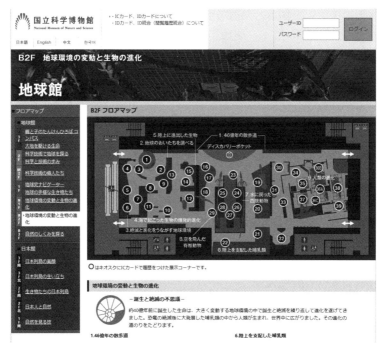

図11　展示解説システム（地球館　B2F地球環境の変動と生物の進化）

7　おわりに

　自然史・理工学デジタルアーカイブの今日的意義を、社会に見える形で提供している国立科学博物館デジタルアーカイブの研究、展示、教育における活用事例を中心に概説した。各分野での意義については本巻に掲載した各論考をご覧いただきたい。

　自然史・理工学デジタルアーカイブがもたらす資料・標本活用の高度化については、地理情報（GIS）との連携により採集地点の経年変化を通じた温暖化など自然環境の分析、鳥インフルエンザやマラリア等を媒介する動物

標本採集地の情報を活用した感染症対策の基礎データ提供、DNA (ルーツ) 情報、炭素放射性同位体 (年代) 情報、窒素安定同位体 (食習慣・環境) 情報の共有化、産業技術史資料の共有化による新技術開発の基礎情報提供等がある。

　サイエンスミュージアムネット収録データのジャパンサーチでの活用が2019年2月に開始される等、今後、公共財として国内外の大学・研究機関、博物館とのデータ連携、スケールメリットを活かす研究活用が進むであろう。市民の知的好奇心を活性化する知識基盤として自然史・理工学デジタルアーカイブが大学、研究機関、博物館等で標準的な仕様で開発され、オープンデータ化されることが望まれる。

注
1)　全国歴史資料保存利用機関連絡協議会監修、文書館用語集研究会編 (1997)『文書館用語集』大阪大学出版会.
2)　抜山勇・作山宗久 (1997)『文書管理と法務——アカウンタビリティへの対応』ぎょうせい.
3)　デジタルアーカイブの連携に関する関係省庁等連絡会・実務者協議会 (2017)『デジタルアーカイブの構築・共有・活用ガイドライン』(https://www.kantei.go.jp/jp/singi/titeki2/digitalarchive_kyougikai/guideline.pdf) (最終アクセス：2020年2月27日)
4)　梅棹忠夫 (1963)「情報産業論」『中央公論』78 (3).
5)　梅棹忠夫 (1969)『知的生産の技術』岩波書店.
6)　DIKWモデル　Bellinger, G., Castro, D. and Mills, A. (2004) Data, information, knowledge, and winsdom. (http//www.systems-thinking.org/dikw/dikw.htm) (最終アクセス：2020年2月28日)
7)　シュムペーター、J. A. 著、塩野谷祐一・中山伊知郎・東畑精一訳 (1977)『経済発展の理論』岩波書店.
8)　総務省 (2012)『デジタルアーカイブの構築・連携のためのガイドライン』
9)　新村出編 (2018)『広辞苑　第七版』岩波書店.
10)　杉長敬治 (2015)「表7　力を入れている活動 (館種別)」『「博物館総合調査」(平成25年度) の基本データ集』(http://www.museum-census.jp/data2014/data01.pdf) (最終アクセ

　　ス：2020年2月27日）

11）　標本・資料統合データベース（http://db.kahaku.go.jp/webmuseum/）（最終アクセス：
　　2020年2月27日）

12）　タイプ標本データベース（http://www.type.kahaku.go.jp/TypeDB/）（最終アクセス：
　　2020年2月27日）

13）　魚類写真資料データベース（https://www.kahaku.go.jp/research/db/zoology/
　　photoDB/）（最終アクセス：2020年2月27日）

14）　HITNET産業技術史資料共通データベース（http://sts.kahaku.go.jp/hitnet/index.php）
　　（最終アクセス：2020年2月27日）

15）　産業技術史資料共通データベース（http://sts.kahaku.go.jp/sts/index.php?c=0001）（最
　　終アクセス：2020年2月27日）

16）　国立科学博物館附属自然教育園ヴァーチャル・ガーデン（https://www.kahaku.
　　go.jp/exhibitions/vm/sizenen/index.html）（最終アクセス：2020年2月27日）

17）　磯の動物観察会（https://www.kahaku.go.jp/exhibitions/vm/iso/index.html）（最終アク
　　セス：2020年2月27日）

18）　展示解説システム（http://shinkan.kahaku.go.jp/floor/b2f_jp.html）（最終アクセス：
　　2020年2月27日）

第 **1** 部

研究データの活用にむけて

第1章

科学データのデジタルアーカイブにおける必須条件「オープンデータ」

大澤剛士

1　はじめに

　デジタルアーカイブ(digital archive)とは、その名のごとく、有形、無形の様々な資源をデジタルデータ化し、記録保存を行うこととされる。アーカイビングの主な対象には博物館・美術館・公文書館や図書館の収蔵品をはじめとする文化資源があげられることが多い[1],[2],[3]が、近年では戦争被害[4]や災害被害[5]（第2巻も参照）、企業における歴史や技術[6]、さらには科学データ[7],[8]も対象に含めて考えられるようになった。シリーズ第3巻である本巻は、特に科学データに注目し、デジタルアーカイブの目的とその意義、実際の利活用について見ていくが、第1章にあたる本章では、筆者が最も重要と考えている、科学データのデジタルアーカイブとオープンデータの関係について整理したい。

2　科学データとは何か

　科学データのデジタルアーカイブについて論じる前に、まず科学データとは何かについて考えてみよう。科学といっても人文科学から社会科学、自然科学と幅があるが、言葉のみから意味をとらえると、「専門知識を持った科

学者が科学活動、すなわち研究を行うために取得した定量的かつ再現性が担保された客観データ」といったところであろうか。しかし、かつてはこの定義で問題なかったが、近年ではこの回答は半分正解、半分不正解と考えるほうが妥当である。主な理由は、現在の国際的な潮流として、科学活動自体を、非専門家を含めた社会一般に広く開放しようという「オープンサイエンス」という動きがあることによる（オープンサイエンスについての詳細は後述）。オープンサイエンスが広がった背景等については第2章及び他の文献に譲るが[9],[10]、現在、少なくとも科学データは、必ずしも専門知識を持った方のみが取得するものではなくなっていることは間違いない。例えば第2章でも例示されるが、非専門家である一般市民による調査や実験によって得られた成果が学術論文として公表されることも珍しくなくなった[11],[12]。

　では、具体的にどういった性質のデータを科学データと呼ぶのであろうか。これについては様々な意見があると考えられるが、本章において筆者は、科学データについて、取得者を制限せず「客観性が保証されたデータ」と定義することにする。科学を科学たらしめるための重要な要件として、客観性を担保するための定量性と再現性があげられる。科学データとは、定量性、すなわち何かしらの事象が数値で示されており、再現性、すなわち理論上は誰でも同じ手続きを取ることで同じデータが取得できることが重要な要件と考える。この部分が確保されているデータは、取得者、取得方法に関わらず、科学データとしての条件を備えているといってよい。このため、本質的に、科学データの取得者は必ずしも科学者、専門家である必要はないのである。

3　科学データをアーカイブする意義

　なぜ科学データをアーカイブするのであろうか。最も重要な目的は、得られた科学的知見が定量性と再現性を確保していることを公に示すことである。万能に分化できる夢の細胞と言われたSTAP細胞について、再実験によって再現性が得られなかったことから、論文自体が取り下げられたことはまだ

記憶に新しい[13]。しかし、本件について、再検証を行うためのデータが公開されていたからこそ、科学的な検証によって成果を否定することができたという点は、見逃すことができない重要な事実である。本来的に科学論文とは、それを読み、同じ手順をなぞることで同じ結果が得られるべきものである。このため、科学論文を公表しようとする研究者は、得られた結果に対する透明性の向上という意味において、論文内に記述される手法はもちろん、その根拠となったデータ類も全て開示するべきという考えもある[14]。実際、近年では、学術誌に論文を投稿する際、論文の中で用いたデータを全て専用の置き場所(一般にデータリポジトリと呼ばれる)にアーカイブ[15]し、誰でも自由に再現実験等を行うことができるようにすることが求められるようになった。例えば科学雑誌の出版社として有名なSpringer Nature社は、データポリシーの中で、研究データをリポジトリに置くことの重要性を述べ、その実施を推奨している[16]。実際、同社に限らず、近年では学術誌に論文を投稿する際、利用データをリポジトリに置き、そのアクセス方法を示すオプションが用意されていることが非常に多くなった。これは、論文において公表した成果について、データも含め、その研究プロセス全体の透明性を高めようという考えが広がってきたことを意味している。捏造問題等により近年揺らいでいる科学の信頼性を担保するために、科学データのアーカイブは重要な役割を担う。

　科学データのアーカイブには、もう一つ重要な利点がある。それは、データの共有である。本巻の中でも紹介されるが(第3章)、近年の科学においては、パソコンをはじめとする計算資源、データストレージの増加に伴い、利用できるデータが著しく膨大化、さらには観測機器類の高度化により、複雑化もしている。これら膨大かつ複雑なデータは、データを取得した当人だけでなく、複数の研究者間で共有することで、その価値をさらに高めることができる[11]。生物標本を例に取ってみよう。かつては標本を利用した研究は、標本を子細に観察し、特徴的な形態等を見出すという利用方法以外に事実上存在しなかった。しかし現在では、その形態を電子的にスキャンする高精度三次元スキャナにより、目視や顕微鏡では認識できなかった詳細な形態を観

察することが可能になった[17]。標本からDNA情報を取得することで、数百万年スケールでの進化の歴史を検討することが可能になった[18]。さらに重要な点として、数十年前に採取された古い標本からであっても、DNA情報を取得する技術が実用化されている[19]。いささか乱暴な表現だが、ある研究者が採取した一つの標本について、それを採集者が独占するのではなく、第三者にも利用可能にすることで、形態観察に基づく研究、3Dによる詳細な形態研究、DNA情報を利用した研究というように、少なくとも三つの異なる研究の材料にすることができるようになったわけである(図1)。そして利用者は、数十年後の未来に現れるかもしれない。さらに、標本本体を複製することは不可能だが、3D画像やDNA情報等のデジタル化されたデータは劣化することなく容易に複製することが可能であり、さらにはインターネットを通じて世界中に公開することも可能である(図1)。すなわち、標本から派生したデジタルデータは、適切にアーカイブすることで、採集者、デジタ

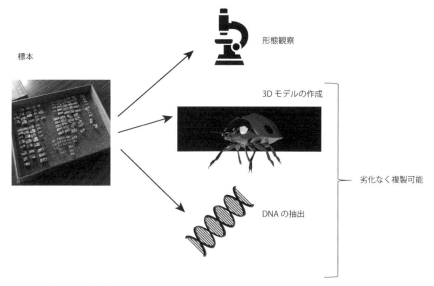

標本

形態観察

3D モデルの作成

劣化なく複製可能

DNA の抽出

図1　現在可能な生物標本の利用方法の例。デジタル化された3Dデータや遺伝子情報は劣化することなく複製することもできる。

ルデータの作成者のみならず、さらに多くの方が利用できるようになる。これにより、データ生産者以外の方が、生産者が想像もしない使い方で何かしらの知見を得ることも起こりうる[11]。科学データのアーカイブは、科学の透明性を担保すると同時に、科学自体を発展させるという役割を併せ持つのである。

4　アーカイブの意義を担保する「オープン」という考え方

　しかし、当然のことながら、科学データはアーカイブさえされていればいいわけではない。アーカイブされた科学データは、原則として万人が自由に参照、利用できる状態にしなければならない。誰でも自由に参照、利用できる状態になければ、発表された科学的知見についての再現実験を行うこともできないし、同じデータを使った別の研究を行うこともできない。デジタル化した科学データを所有者あるいは狭い範囲の関係者のみしか参照、利用できない状態に「レガシーデータ化」しておくこと、すなわち「死蔵」することは、今の時代ではアーカイブと呼ぶべきではないと筆者は考える。データを誰でも自由に参照、利用できる状態にして、はじめてアーカイブの意義は成り立つ。このように、データを自由に参照、利用できる状態にすることを一般に「オープン化」、「オープンデータ化」と呼ぶ[20],[21]。

　オープン化とは、オープンデータの活用推進を図るグループであるOpen Knowledge Foundationによると「無償かつ自由に利用可能にする」ことであり、オープンデータとは、この考えに従い、(1)利用できる、そしてアクセスできる、(2)再利用と再配布ができる、(3)誰でも使える　という三点を全て満たすことが要件とされている[22]。このオープンデータという考え方は比較的新しいもので、2013年に主要国首脳会議G8で合意された「オープンデータ憲章」がきっかけとなって広がったものである[23]。オープンデータ憲章は、政府統計をはじめとする公共のデータを誰でも自由に確認できるようにすることで、政府の透明性を向上させ(オープンガバメント)、さらには政府が

持つ膨大なデータの利用を促進することで、イノベーションの機会につなげること(オープンイノベーション)を主要な目的としている[23](図2)。研究においては、オープンデータ憲章によって広がった政府データのオープン化に呼応する形で、科学データも同様に、得られた成果の透明性、及びデータの再利用を促進することによる更なる価値の向上を期待し、積極的にオープン化するべきという考え方が広がった[21]。各種の科学データの自由な利用、加工、再利用を保証する形、すなわちオープンデータとして共有するという考え方は、現在では科学における広い分野に認識され、その運用も広がってきている[11],[21],[24]。

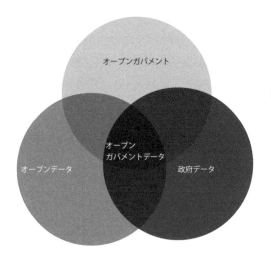

膨大なオープンガバメントデータの利用が
イノベーションに繋がる

国連の行政開発管理部門（DPADM）の図をもとに筆者作成
https://publicadministration.un.org/en/ogd (2019年5月30日)

図2　オープンデータ憲章において著されたオープンデータに期待されることの概念図。

5　オープンデータがもたらす研究者への利点

　ここで、オープンデータによるデータ共有が研究者に対して具体的にどのような利益をもたらすか、筆者の研究を事例に紹介したい。筆者の専門は生物多様性情報学という、生物多様性科学と情報科学の境界に位置する比較的新しい分野であるが[25]、筆者自身、オープンデータに支えられた研究を複数行っており、様々な面でその恩恵を受けている。具体例として、オープンデータ、あるいはそれに近い状態にあるデータ類を使い、現在の日本において大きな問題になっている耕作放棄と、それに伴う生物多様性の関係を検討した研究[26]を紹介したい。この研究は、農林業センサスという農林水産省が実施している統計のデータ[27]から筆者が作成した標準地域メッシュ単位の耕作放棄面積[28],[29]と、環境省が公開している絶滅危惧植物のデータ[30]を組み合わせ、耕作放棄地が広がっている地域と、絶滅危惧植物の分布域が全国的に重なっていることを示したものである[26]（図3）。空間解像度は約

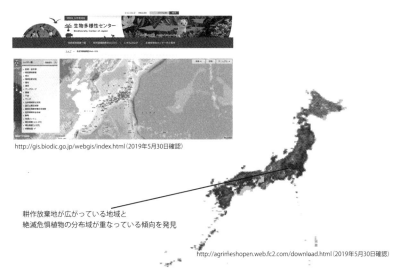

http://gis.biodic.go.jp/webgis/index.html（2019年5月30日確認）

耕作放棄地が広がっている地域と
絶滅危惧植物の分布域が重なっている傾向を発見

http://agrimeshopen.web.fc2.com/download.html（2019年5月30日確認）

図3　筆者が研究で利用した絶滅危惧種の分布データおよび耕作放棄地の分布データ。いずれもオープンデータである。

10km(標準地域メッシュの二次メッシュ)と決して高くないものの、統計情報から作成した土地利用データと、行政の事業成果である生物の分布データを組み合わせ、日本全国という広域を対象として実施した環境科学研究というのは、公表当時としては画期的であったと考えている。さらに、筆者が作成した標準地域メッシュ単位の耕作放棄面積データは、水田、畑、樹園地といった他の地目と合わせてオープンデータとして再配布し、他の研究等における利用を可能にした[28),29)]。当然のことながら、この研究は農林水産省、環境省それぞれがデジタルデータを研究利用が可能な形で公開していたからこそ実施できたものである。電子化された統計情報をはじめとする行政データのうち、自由に利用できる形で公開されているものは、科学データとして使うことができる一つの重要なデジタルアーカイブと呼んでよいだろう。なお、この研究はオープンアクセス誌である『PLOS ONE』[31)]に発表した[26)]。発表当時はそういった意図を持っていたわけではなかったのだが、結果として、オープンデータを利用した研究成果を、オープンアクセス誌上で公表し、研究の過程で得られた二次データをオープンデータとして再配布するという極めて「オープン」に拠った事例を作ることになった。

6 オープンサイエンス

近年、科学をより身近なものにしようとする考え方として、オープンサイエンスという言葉が使われるようになってきた[32)]。オープンサイエンスに対して一般的に広く通用する定義はまだないが[33)]、基本的な考え方は「科学の民主化と発展」を目指し、科学的知見を可能な限り共有する考え方とされている[10)]。オープンサイエンスは、科学技術基本法に基づき5年に一度策定され、日本の科学技術に関する基本的な考え方となる第5期科学技術基本計画にも明記されており[34)]、科学の新しい潮流であると同時に、既に日本における科学技術政策の一部となっている。2018年には日本ではじめてオープンサイエンスを冠した学術大会「Japan Open Science Summit（JOSS)

2018」が実施され、筆者も登壇した[35]。この大会は2019年にも開催され[36]、2日間の期間中に700人を超える参加者を集めた(主催者発表)。まだ新しい分野と言えるオープンサイエンスを冠した学術大会が多数の参加者を集めるという現状は、オープンサイエンスに対する社会的な関心の高さを示唆しているといってよいだろう。オープンサイエンスの推進によって、様々な科学データ、論文をはじめとする研究成果がオープン化され、誰でも研究情報にアクセスしやすくなることで[9],[24]科学の敷居が下がることが期待されている。実際、JOSSのセッションでも研究成果、データのオープン化を主題としたものが複数実施された。この実現には、少なくとも論文等、研究成果のアーカイブ(第2章も参照)、及び科学データそのもののアーカイブが必要となるため、国内外で具体的な取り組みがはじまっている。次節からは、これら具体的なアーカイブについて見ていく。

7 国内における研究成果のアーカイブ

　国内における研究成果のアーカイブに対する代表的な事例としては、国立情報学研究所が開発、運用している学術機関リポジトリ JAIRO Cloud[37]をあげることができる(図4)。これは大学等、教育研究機関等を対象に、研究成果となる論文をオープン化するための共通プラットフォームを提供するというもので、各研究機関等が自身で研究成果をアーカイブするプラットフォームを用意しなくても済むと同時に、その規格そのものも公開することで、独自システムを開発した際にも互換性を確保しようという取り組みである。2019年3月時点で558機関が利用しており、筆者が所属する東京都立大学図書館も利用しており、筆者自身もポストプリント(学術誌に採択された論文の最終原稿)等をアーカイブしている[38](図4)。日本国内における研究成果のオープン化に向けた取り組みは、必ずしも歩みが早いものではないが、確実に進んでいる。さらに国外では、急速に研究データ、研究成果のオープン化に向けた取り組みが進んでいる。例えば欧州では、政府の資金援助を受けた

https://community.repo.nii.ac.jp/ (2019年5月30日確認)　　　https://tokyo-metro-u.repo.nii.ac.jp/ (2019年5月30日確認)

図4　国立情報学研究所が提供している学術リポジトリJAIRO Cloudと、東京都立大学図書館の学術リポジトリみやこ鳥。みやこ鳥はJAIRO Cloudを使っている。

研究成果は全てオープンにしなければならない義務を負うという「プランS」という宣言がなされた[39]。研究成果のオープン化に向けた取り組みは、既に国際的な主流に向かっていると言ってよいだろう。

8　国内における科学データのアーカイブ

　研究成果のオープン化は、オープンサイエンス政策の一つの軸であるが[33]、もう一つの柱として、先に少し紹介した研究データのオープン化（共有）をあげることができる[33]。ここでは筆者の専門に近い生物学におけるデータアーカイブを紹介する。生物学において最も著名なデータアーカイブは、分子生物学における塩基配列データベースInternational Nucleotide Sequence Database[40]である（図5）。このデータベースは日本の国立遺伝学研究所のDNA Data Bank of Japan（DDBJ）センター、アメリカのNational Center for Biotechnology Information（NCBI）、ヨーロッパのEuropean Bioinformatics

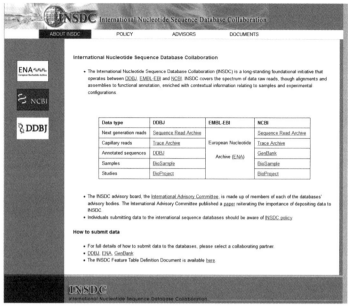

図5　国際塩基配列データベース（International Nucleotide Sequence Database）

Institute（EBI）の3機関のデータベース群で構成されており、世界中から多く
の研究者が、自身が決定した塩基配列を登録するとともに、登録されている
遺伝子情報を利用して研究を進めている。注目すべきは、これら分子生物学
分野においては、原則として学術雑誌に論文を投稿する際、利用するデータ
をあらかじめ公的なデータベースに登録することが義務付けられている点で
ある[41]。すなわち、この分野は研究データアーカイブの存在を前提として
発展してきていると言ってもよい。この前提条件があることで、論文として
公表された結果について誰でも再現実験を行うこしが可能となり、成果の透
明性が高くなると同時に、第三者がデータを再利用して新たな研究を行うこ
とも可能となる。すなわち、データのオープン化は分野の信頼性及び発展性
を担保する重要な役割を担っているといえる。

筆者が深く関わる地球規模生物多様性情報機構（Global Biodiversity Information Facility: GBIF）という国際的な取り組みでは、標本情報を中心に、生物の分布情報を世界レベルで収集し、集積したデータは全てインターネットを通じてオープンデータとして自由に利用可能としている[42],[43]（図6）。集積されたデータの件数は2019年5月時点で約13億レコードと、関連分野においても世界最大規模となっている。GBIFの国内拠点であるJBIF（Japan node of Global Biodiversity Information Facility）では、国内の生物情報を国際機関であるGBIFに提供するとともに、国内のデータについて日本語で検索、取得できるサービスを提供している[44]（図6）。これらサービスは研究者の支援だけでなく、教育ツールや自然愛好家の楽しみ等、当初の目的を超えた利用を実現できる可能性を持っている。

https://www.gbif.org/ (2019年5月30日確認)

http://www.gbif.jp/v2/(2019年5月30日確認)

図6　生物多様性に関する各種データをオープンデータとして提供するGBIF、及びその日本活動であるJBIFそれぞれのトップページ

ここで紹介したのは筆者の専門分野に関わりが深い生物学に関するものばかりであるが、科学データを共有することの意義は既に科学コミュニティに広がっており、様々な個別分野においても同様に浸透しつつあることは間違いない。科学に関するデジタルアーカイブは、オープンサイエンスという科学の新しい潮流と同時に、我が国における科学技術政策への貢献も期待されている。

9　デジタルアーカイブに対する期待と補助の仕組み

　インターネットが生活に浸透し、物理、クラウドともにストレージが安価になってきている昨今、デジタルデータのアーカイブ自体は誰でも比較的容易に実施できる（もちろん永続性の担保という課題はあるが）。実際、政府関連機関等が管理する公的アーカイブ（例えば先述のJAIRO Cloud, International Nucleotide Sequence Database等）から、一般人から収集したデータを集積するもの[45]、さらには、研究者が自身の研究成果をまとめたもの等、ほぼ個人レベルで管理、更新されているアーカイブ[46]まで、インターネット上を検索することで、様々な科学関連のアーカイブを見つけることができる。しかし、アクセスできる形でインターネット上にデータを置きさえすればアーカイブとして十分なのだろうか。もちろんアーカイブとしての役割はそれで果たせると言えるが、デジタル化し、インターネット上で自由にアクセス可能にしたからには、それによって新しい発見や利益につながることを期待するのは自然な考えであろう。筆者は、デジタルアーカイブが科学にもたらす新しい発見や利益とは、オープンデータの利点において論じられるものと同様、データ提供者が想像しなかったような新しい利用[11]によって生じると考えている。オープンデータにおいては、データをオープン化することで、データ作成者あるいは提供者が想像もしなかった新しい利用が生まれ、それによってデータ自体の価値が上がると議論されている[11]（図7）。これをデジタルアーカイブにあてはめると、様々な分野においてそれぞれ作成されたデジタルアーカイブ個

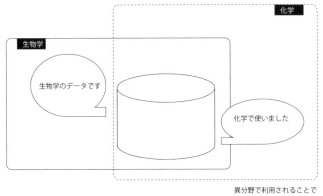

図7　オープンデータが再利用されることによって価値が向上するという
　　　考え方の概念図

別の利用はもちろん、独立した別のアーカイブ間を組み合わせる等の横断的な利用により、個別アーカイブでは考えられなかった新しい利用や価値が生まれるのではないかという期待が生じる。ただし、この実現には、そもそもどのようなデジタルアーカイブが存在しているか把握した上で、それらを組み合わせるアイディアを持ち、実際に組み合わせる必要がある。利用者目線として、自身の専門分野にあるデジタルアーカイブの利用ならともかく、完全に専門外である分野の様々な情報がまとめられたアーカイブの存在を知り、されにはそれらを横断的に利用するアイディアを持つというのは、言うまでもなく困難である。

　これらの可能性を生み出す補助をしようとする意欲的な取り組みが、ジャパンサーチ[47](図8)である。ジャパンサーチは、国内における様々な分野のデジタルアーカイブを横断的に検索することを実現し、データの発見はもちろん、横断利用等も促進することを狙ったシステムである。ジャパンサーチはキーワード検索に対応しているのだが、例えば「ブナ」という植物名を入力した場合、標本をはじめとする生物学アーカイブだけでなく、図書館に収蔵された文献や報告書のタイトル、放送番組やアニメのタイトル等、メディア

関連等も検索結果に表示される。さらに各アーカイブのライセンスや利用規約等も容易に確認することができる(図8)ため、異分野のアーカイブを発見し、横断的に利用するアイディアを見つける、さらには実際に利用する補助を行う上で必要な基本機能は備わっていると筆者は考える。ジャパンサーチは本章執筆時点の2019年5月現在、試用としてβ版となっているが、2020年の正式公開を目指して改良が進められており、今後、デジタルアーカイブの価値を向上させる上で重要な役割を担っていくことが期待できる。

https://jpsearch.go.jp/ (2019 年 5 月 30 日確認)

図8　Japan Search β 版のトップページ(完成版の画面は変更される可能性がある)

10　おわりに

　本章では、現代におけるデジタルア　カイブ、少なくとも科学データをアーカイブする上で必要条件ともいえるオープンデータの考え方に焦点を当て、その重要性と意義、国内外の現状について論じてきた。今後、より様々な分野においてデジタルアーカイブが推進されることに疑いの余地はないが、

アーカイブされたデジタルデータは、誰もが自由に利用できる状態にあってはじめて価値を持つことを忘れてはならない。繰り返しになるが、デジタル化したデータを所有者あるいは狭い範囲の関係者のみしか参照、利用できない状態に「死蔵」しておくことは、今の時代ではアーカイブと呼ぶべきではない。鍵がかかった箱に収められ、誰にも利用されないアーカイブは存在しないことと何ら変わらない。オープンデータという考え方は、デジタルアーカイブに価値をもたらす最も重要かつ基本的な考え方であることを改めて強調したい。

謝辞
　本稿の執筆にあたり、非常に多くの方々からの示唆や助言を得た。全員の名を記すことはできないが、草稿に対して有益なコメントをいただいた山形知実氏、オープンデータについて議論を重ねてきた岩崎亘典氏、古川泰人氏には特に名を表することで、感謝の意を示したい。本稿の一部は、人間文化研究機構総合地球環境学研究所コアプロジェクト（14200075）「環境社会課題のオープンチームサイエンスにおける情報非対称性の軽減」の支援を受けた。

注
1）　国立公文書館デジタルアーカイブ（https://www.digital.archives.go.jp/）（最終アクセス：2020年1月31日）
2）　国立科学博物館過去の展示（デジタルアーカイブ）（http://www.kahaku.go.jp/exhibitions/old/index.html）（最終アクセス：2020年1月31日）
3）　国立国会図書館デジタルコレクション（http://dl.ndl.go.jp/）（最終アクセス：2020年1月31日）
4）　ヒロシマ・アーカイブ（http://hiroshima.mapping.jp/index_jp.html）（最終アクセス：2020年1月31日）
5）　東日本大震災アーカイブ（http://nagasaki.mapping.jp/p/japan-earthquake.html）（最終アクセス：2020年1月31日）
6）　トヨタ自動車　企業アーカイブズ（https://global.toyota/jp/downloadable-assets/corporate-archives/）（最終アクセス：2020年1月31日）
7）　東京大学 社会調査・データアーカイブ研究センター（https://csrda.iss.u-tokyo.ac.jp/）

（最終アクセス：2020年1月31日）

8)　DIAS（https://diasjp.net/）（http://nagasaki.mapping.jp/p/japan-earthquake.html）（最終アクセス：2020年1月31日）

9)　林和弘（2016）「オープンサイエンスが目指すもの——出版・共有プラットフォームから研究プラットフォームへ」『情報管理』**58**, 737-744.

10)　古川泰人（2016）「生物多様性情報をとりまくオープンサイエンスの状況と課題」『日本生態学会誌』**66**, 229-236.

11)　大澤剛士（2017）「オープンデータがもつ「データ開放」の意味を再考する——自由な利用と再利用の担保に向けて」『情報管理』**60**, 11-19.

12)　大澤剛士（2018）「ICTが拓いた生態学における市民参加型調査の可能性と、持続可能な体制の確立に向けた切実な課題」, 田辺晶史・大西亘責任編集『情報通信技術で革新する生態学——加速するオープンデータとオープンサイエンス』種生物学会, 1-15.

13)　De Los Angeles, A. et al.（2015）Failure to replicate the STAP cell phenomenon, *Nature,* **525**(E6).

14)　池内有為（2014）「研究データ共有時代における図書館の新たな役割——研究データマネジメントとデータキュレーション」『カレントアウェアネス』319, 21-26.

15)　Dryad（https://datadryad.org/）（最終アクセス：2020年1月31日）

16)　Springer Nature（https://www.springernature.com/gp/authors/research-data-policy）（最終アクセス：2020年1月31日）

17)　Kano, Y., Nakajima, J., Yamasaki, T., Kitamura, J. & Tabata, R.（2018）Photo images, 3D models and CT scanned data of loaches（Botiidae, Cobitidae and Nemacheilidae）of Japan, *Biodiversity Data Journal*, **6**(e26265).

18)　Nakahama, N., Uchida, K., Ushimaru, A. & Isagi, Y.（2018）Historical changes in grassland area determined the demography of semi-natural grassland butterflies in Japan, *Heredity*（Edinb）, **121**, 155.

19)　Nakahama, N. & Isagi, Y.（2017）Availability of short microsatellite markers from butterfly museums and private specimens, *Entomological Science*, **20**, 3-6.

20)　大澤剛士・岩崎亘典（2016）「環境科学分野における研究データのオープンデータ化の現状と課題」『環境情報科学』**44**, 35-40.

21)　大澤剛士・神保宇嗣・岩崎亘典（2014）「「オープンデータ」という考え方と, 生物多様性分野への適用に向けた課題（学術情報）」『日本生態学会誌』**64**, 153-162.

185286283
82223
b22237

22）　Open Knowledge Foundation.（2012）*O. K. Open Data Handbook Documentation, Release 1.0.0.*

23）　大向一輝(2013)「日本におけるオープンデータの進展と展望」『情報管理』**56**, 440-447 .

24）　村山泰啓・林和弘(2014)「オープンサイエンスをめぐる新しい潮流(その1)　科学技術・学術情報共有の枠組みの国際動向と研究のオープンデータ」『科学技術動向』**146**, 12-17.

25）　Osawa, T.（2019）Perspectives on biodiversity informatics for ecology, *Ecological Research*, **34**, 446-456.

26）　Osawa, T., Kohyama, K. & Mitsuhashi, H.（2013）Areas of increasing agricultural abandonment overlap the distribution of previously common, currently threatened plant species, *PLoS One*, **8**.

27）　農林業センサス(http://www.maff.go.jp/j/tokei/census/afc/)(最終アクセス：2020年1月31日)

28）　Osawa, T., Kadoya, T. & Kohyama, K.（2015）5- and 10-km mesh datasets of agricultural land use based on governmental statistics for 1970–2005, *Ecological Research*, **30**, 757-757.

29）　農林業センサスメッシュデータ(http://agrimeshopen.web.fc2.com/download.html)(最終アクセス：2020年1月31日)

30）　レッドデータブック・レッドリスト(https://ikilog.biodic.go.jp/Rdb/booklist)(最終アクセス：2020年1月31日)

31）　PLOS ONE(https://journals.plos.org/plosone/)(最終アクセス：2020年1月31日)

32）　OECD(https://www.oecd.org/science/inno/open-science.htm)(最終アクセス：2020年1月31日)

33）　林和弘(2018)「オープンサイエンスの進展とシチズンサイエンスから共創型研究への発展」『学術の動向』**23**, 11-29.

34）　内閣府(2016)『第5期科学技術基本計画』

35）　Japan Open Science Summit 2018(https://www.nii.ac.jp/event/2018/0618.html)(最終アクセス：2020年1月31日)

36）　Japan Open Science Summit 2019(https://www.nii.ac.jp/news/release/2019/0327.html)(最終アクセス：2020年1月31日)

37）　JAIRO Cloud(https://community.repo.nii.ac.jp/service/about/)(最終アクセス：2020年

1月31日）

38）　みやこ鳥（https://tokyo-metro-u.repo.nii.ac.jp/）（最終アクセス：2020年1月31日）

39）　Plan S（https://www.coalition-s.org/）（最終アクセス：2020年1月31日）

40）　International Nucleotide Sequence Database（http://www.insdc.org/）（最終アクセス：2020年1月31日）

41）　高祖歩美（2013）「生命科学分野におけるデータの共有の現状と課題」『情報管理』**56**（5）, 294-301.

42）　GBIF（http://www.gbif.org/）（最終アクセス：2020年1月31日）

43）　松浦啓一（2012）「GBIF（地球規模生物多様性情報機構）の到達点と展望」『タクサ日本動物分類学会誌』**32**, 31-37.

44）　JBIF（http://www.gbif.jp/v2/）（最終アクセス：2020年1月31日）

45）　WEB魚図鑑（https://zukan.com/fish/）（最終アクセス：2020年1月31日）

46）　Information station of Parasitoid wasps（https://himebati.jimdo.com/）（最終アクセス：2020年1月31日）

47）　ジャパンサーチβ（https://jpsearch.go.jp/）（最終アクセス：2020年1月31日）

第2章
研究データ利活用の国際的動向
世界の自然史・理工学DA活用

南山泰之

1 はじめに

　本章では、デジタルアーカイブをより深く考えるための材料として、研究データ利活用の国際的動向を取りあげる。2節〜4節では、ここ数年の重要なキーワードとなっているオープンサイエンスに関する話題を中心に、研究データの共有、公開に関する国内外の政策的な動向を概観する。近年の政策的な背景への理解をもとに、デジタルアーカイブとの関係性についても5節で考察する。6節〜7節では、研究データ利活用に関する国際的な取り組みを中心に紹介しつつ、指摘されている課題をいくつか取りあげる。

　自然科学系のデジタルアーカイブが全体のテーマということもあり、紹介する事例は出来るだけ自然科学系のものを選ぶようにした。また、各分野における取り組みは他の章で詳細に紹介されるものと思われるため、ここでは政策的な動向、あるいは分野横断的な取り組みの紹介に焦点をあてている。あらかじめご承知置きいただきたい。

2 研究データとは──自然科学系のデータを中心に

　研究データの定義は各機関によって異なるが、概ね「研究の過程、あるいは研究の結果として収集・生成される情報」と表現でき、観測データや実験

データ、シミュレーションを行った結果得られたデータなどを含む[1]。もっとも、分野によってはデジタルでない研究データも多数存在しており、一次資料であるフィールド調査ノート（テキスト）や植物標本（実体物）なども「研究データ」と表現されることがある点には留意が必要である。

　自然科学系の研究データの特徴を一口に言い表すことは難しく、素粒子論や天文学等で用いられるPB単位の巨大なデータから、数MB程度の論文の付図に至るまでデータのサイズは様々である。また、CSV（数値／テキストデータなど）、jpg/mp4（画像／動画データ）、NetCDF（地理情報）といったデータファイルフォーマットのほか、観測機器専用のファイルフォーマットも多く扱われる。保管場所としては、地球科学分野、遺伝学分野など分野別のリポジトリが整備されている一部の例外を除き、個人や研究室のPCであることが多く、体系的な管理体制の構築は他分野同様に発展途上と言えよう。

3　研究データの共有と公開——オープンサイエンスの潮流

　研究データの共有は、第三者による研究結果の再現性の担保のみならず、データの再利用による研究の推進という意味合いを持つ。共有段階においては、研究者はまず調査者と「データの作成やクリーニング、処理、分析、報告の各方法について議論する」[2]。これにより、データの関連性、信頼性などが吟味される。あるいは、例えば地球科学、宇宙科学分野などに見られる通り、研究対象とする観測範囲が極めて広い場合、研究当初からコミュニティによるデータ共有を前提とせざるを得ないケースもありうる。代表例をあげれば、1957年〜58年の国際地球観測年（IGY）を機にWDC（World Data Center）、FAGS（Federation of Astronomical and Geophysical Services）という二つの国際組織が設立され、データの長期保全・救出、研究分野を横断したデータ利用への支援といった取り組みが進められてきている[3]。また、1966年にはCODATA（Committee on Data for Science and Technology）が設置され、重要なデータの品質・信頼性・管理・利活用などの向上や改善に努めることを目的に、国際

的に連携して活動している[4]。

　さて、原則としては分野内での共有に留まっていた研究データだが、近年、「オープンサイエンス」をキーワードに、政策レベルでデータ公開に向けた動きが盛んになっている。2013年にはG8科学大臣及びアカデミー会長会合において、「科学的発見やイノベーション、科学の透明化や科学への国民参画等を加速させるため」に研究データの原則オープン化が合意され[5]、日本もこの枠組みで研究データの公開へ舵を切りはじめた。その後、2015年に内閣府が取りまとめた報告書[6]を契機に、2016年1月に内閣府が策定した第5期科学技術基本計画[7]にオープンサイエンスの推進と、国の基本姿勢が盛り込まれている。基本計画によれば、「オープンサイエンスとは、主に論文へのオープンアクセスと研究データのオープン化、すなわちオープンデータを含む概念」とされ、オープンデータが進むことで、研究プロセスの透明化や研究成果の幅広い活用が期待されている。続いて、日本学術会議 オープンサイエンスの取組に関する検討委員会による提言(2016年7月)[8]では、「オープンイノベーションに資するオープンサイエンスのあり方」として、(1) 研究分野を超えた研究データの管理およびオープン化を可能とする研究データ基盤の整備、(2) 研究コミュニティでのデータ戦略の確立、(3) データ生産者およびデータ流通者のキャリア設計、の三点が具体的にあげられ、官民データ活用推進基本計画[9](平成29年5月30日閣議決定、平成30年6月15日変更)では「平成32年までの集中取組期間において、公的研究資金による研究成果(研究データ、論文等)のオープンデータ化を推進」の文言が盛り込まれるなど、学術コミュニティ及び関係省庁による活動方針の表明が続いている。両者に共通するポイントとして「オープンイノベーション」、「オープンデータ」といった用語が使われており、日本においてもデータの公開が学術コミュニティにおける研究の進展のみならず、より社会的な意義を持ちはじめたことが見て取れる。

　ここで、研究データの「オープン化」と「オープンデータ」の使われ方のずれを指摘しておきたい。前提として、今日的な意味での「オープン」は、アクセ

スのみならず、利用、改変、共有などについても、用途を問わず行うことができるものと定義される[10]。その意義としては、

(1) 品質保証：「オープン」に対する明確な定義を提供することで、「オープン」とそれ以外を区別する
(2) 互換性：データを組み合わせることが法的・技術的に可能かどうかの指標
(3) 単純性：データを組み合わせるために複雑な制限(著作権処理等)を要求されない

の三点があげられている[11]。ここで対象とするデータは公共財としての側面を持ち、科学ないし社会を構成する一要素である、と解釈されており、したがって誰が使う場合であっても再利用に制限が生じないことが原則となる。日本においてもこのような理解のもと、官民データ活用推進基本法(平成28年法律第103号)において、国及び地方公共団体はオープンデータに取り組むことが義務付けられている[12]。

　しかしながら、科学におけるデータ共有を背景に持つ学術コミュニティでは無料でのアクセスを「オープン」と表現し、相互扶助を前提としない自由な利活用をその範疇に含まないケースも未だ散見される。研究データは加工段階によってその価値や取り扱いが異なる上、知的財産に該当する場合や個人情報が含まれるケースも多く、公共データのように一律な処理が困難であることもその背景にあるものと考えられる。オープンの想定対象コミュニティが異なることによる「ずれ」とも表現できようが、いずれにせよ研究データの「オープン化」と「オープンデータ」には未だ隔たりがあることには留意が必要である。

4　研究データ管理への要請——研究公正、知的財産的観点から

　前節で述べた研究データ共有、公開とは異なる文脈で、研究公正対応、知

的財産の保護の観点から研究データ管理への要請が高まりつつある。日本においては、研究不正による事案が社会問題化した[13]ことに端を発し、2014年8月には文部科学省が既存のガイドラインを見直し、新たに「研究活動における不正行為への対応等に関するガイドライン」を策定した。さらに、日本学術会議へ「実験データ等の保存の期間及び方法(研究分野の特性に応じた検討)」を含む六点の審議依頼を行い、2015年3月には同会議による回答が公表されている[14]。この流れを受け、大学・研究機関は原則として10年間の研究根拠データの保存を求められ、各大学にて対応するポリシーの整備が進められている。また、2018年6月には統合イノベーション戦略[15]を受けた形で、内閣府の検討会よりデータポリシー策定のためのガイドライン[16]が示され、国立研究開発法人は2020年度末までにデータポリシーの策定を目指すものとされた。ガイドラインでは、データポリシーやデータマネジメントプランの策定を急ぐ背景として、「オープン・アンド・クローズ戦略を検討せずに研究データの公開が進み、我が国の産業振興等のために優先的に研究データを利活用できる機会を失い、他国の企業等が先んじて商業化等に利活用することがないよう」との認識が示されている。その他、2016年2月に科学技術・学術審議会 学術分科会 学術情報委員会から出された審議のまとめ[17]には、大学等に期待される役割の一つとして「技術職員、URA[18]及び大学図書館職員等を中心としたデータ管理体制を構築し、研究者への支援に資する」ことがあげられており、人的な整備も課題の一つとなっている[19]。

　研究データ管理の要請は、研究資金助成機関においても進みつつある。2017年4月に科学技術振興機構(JST)がデータマネジメントプランを要求[20]したことを皮切りに、日本医療研究開発機構(AMED)、経済産業省産業技術環境局などが相次いで独自の計画書提出を要求[21],[22]しており、研究者がこれらの外部資金を調達する上で研究データ管理が必須となった。国内最大級の助成事業を持つ日本学術振興会(JSPS)ではまだデータに関するポリシーを定めていないが、2018年度よりはじまった同会の事業[23]では、人文学・社会科学のデータ共有・保存体制構築のため、拠点機関となる5機関を中心

にデータ整備を進めており、データ専門職の雇用も想定しているとのことで、今後のポリシー策定にも影響を与えることが予想される。

5　デジタルアーカイブとオープンサイエンスの結節点

　ここで、デジタルアーカイブの書籍で研究データ利活用を取りあげるにあたり、デジタルアーカイブとオープンサイエンスとの関係性を改めて概観しておきたい。オープンサイエンスは、公的活動としての研究成果のオープン化という側面から「主に論文へのオープンアクセスと研究データのオープン化、すなわちオープンデータを含む概念」と位置付けられているものの、研究手法のオープン化、あるいは研究の場のオープン化にもその概念を拡張した形で多義的な使い方をされており[24],[25]、明確な定義はまだ確立されていないと言える。一方、古賀の指摘によれば、デジタルアーカイブの概念も統一した定義や見解が提示されている訳ではなく、「文化資源」ないし「産業化された文化」をデジタル化する方向性を共有しつつも、活用への意識や記録作成過程への関心の程度により、その理解に「多様化」が生じている[26]状況である。また、オープン化の意識については必ずしも共通理解ではない様子だが、例えばデジタルアーカイブ学会などでは同概念を「デジタル知識基盤社会構築を目指すため(の)オープンサイエンスの基盤」と整理しており[27]、デジタルコンテンツのオープン化を強調する立場からは、両者が目指す方向性は近接しているようにも見受けられる。

　しかしながら、まだ現在のところ両者の活動には隔たりが存在している。これまで見てきたように、政策面でも別個のものとして検討が進んでいる他、データを取り扱う情報システムも別個に準備されることが多く、両者の融合は進んでいない。その理由については、デジタル化の対象の違い（フローを意識する研究データとストックを意識するデジタルアーカイブ）、研究成果発信媒体の違い、などの整理が試みられており[28]、着目に値するだろう。これは別の視点から言えば、その担い手となるコミュニティ（designated community）の違

いとして捉えることも可能に思われ、大雑把に括れば、データの利活用者が主体となるオープンサイエンスと、保存・共有の担い手が先導するデジタルアーカイブと整理できるのではないか。果たして、コミュニティの違いは、学術研究の方法論であるTransdisciplinary researchとの親和性に係る考察[29]であったり、「国家や行政を、個人や社会の側が監視し、チェックしていく」アーカイブの役割[30]であったりと、その力点の違いとなって現れている。しかしながら、知識の社会還元を念頭に置く時、両者は科学における一連のプロセスの構成要素として、継ぎ目なく議論されるべきものだろう。コミュニティの接続を目指す取り組みも数少ないながら試行されており[31]、データ管理・利活用における共通の課題整理や人的交流の促進が望まれる。

6 研究データ利活用に向けて ── 国際的な活動紹介を中心に

前節までに紹介の通り、社会的な期待や要請を受けながらデータの共有、公開の潮流はさらに大きなものになりつつある。本章では、研究データ利活用に向けた取り組みの紹介として、様々な関係者による国際的な活動とその成果を中心に概観する。

6-1 各国・関連団体の動向

先に紹介したG8の合意を受け、各国ではポリシーの制定、研究データプラットフォームの構築、データマネジメントプランの導入などが進められている[32]。その後もG7/G8では2016年のつくばコミュニケでオープンサイエンスに関する作業部会を設置し[33]、2017年にはその報告として、(1)インセンティブと研究者のエコシステム、(2)研究データの最適な利用のためのインフラの二点について検討を深める必要性を指摘している[34]。

関連団体として、OECD (Organisation for Economic Co-operation and Development) では2007年に「公的資金によって得られたデジタル研究データへのアクセスを推進するための原則とガイドライン」[35]を発表しており、その後も2015

年にはオープンサイエンスの現況と課題を国別にまとめた報告書[36]を発行するなど、持続的な活動が続けられている。また、2013年に発足したRDA（Research Data Alliance）[37]では、年2回の総会及び各種WG（Working Group）、IG（Interest Group）、BoF（Bird of Feather）での活動を通じてデータ共有の持続性確保、信頼性確保、システム化等の国際標準に関する議論が続けられている。研究者、技術者、専門家等によるボランティアベースの活動で成り立っており、ドメイン分野に特化した取り組みを国際標準に合わせていく場として機能する例もある。地球科学分野においても、いくつかの国際コミュニティにおけるユースケースを共有し、取組みの調整と調和を目指すIGとして "ESIP/RDA Earth, Space, and Environmental Sciences IG"[38]が設立され、活動を展開している。

6-2　コミュニティによる標準策定

RDAの活動を代表例に、コミュニティレベルでもデータ利活用を普及させるための国際基準策定に係る議論が盛んになされている。特にデータ公開の適切な実施方法を表現しているFAIRデータ原則[39]、データリポジトリの信頼性を評価するための基準であるCoreTrustSeal[40]についてはほぼデファクトとなりつつあるため、項を分けて紹介する。

6-2-1　FAIRデータ原則

FAIRデータ原則（または端的にFAIR原則ともいう）は、2016年にFORCE11（The Future of Research Communications and e-Scholarship）によって策定されたコミュニティ標準である。この原則はデータ公開の適切な実施方法を表現しており、Findable、Accessible、Interoperable、Reusableの四つを満たすデータの作成を提唱することで、eScienceにおけるエコシステムの推進を目指している。策定当時は生命科学分野への適用が優先的に進められたものの、RDA等での議論を経て様々な分野での実装に向けた試み[41]がはじまっている。また、FAIRデータ原則の内容自体についても継続的に議論が行われており、最新

の議論が反映されたバージョンがウェブサイト上で公開されている[42]。なお、日本からFAIRデータ原則の策定にも関わったバイオサイエンスデータベースセンター(NBDC)のウェブサイトで、FAIRデータ原則の成り立ち[43]や日本語版(公式訳)[44]が公開されている。

6-2-2　CoreTrustSeal

データリポジトリとは、2019年3月に内閣府から公開されたガイドラインによれば、「電子的データの保存・共有等を行うための広い意味の情報基盤であり、計算機基盤(狭義の情報基盤)のみならず、運営体制及び人的基盤を含む」[45]とされる。研究データの適切な保存、共有、公開を支える基盤としての役割を果たすにあたり、その信頼性を認証するための基準が国際的にいくつか提唱されており、評価基準として概ね(1)組織、(2)コンテンツとメタデータの管理[46]、(3)インフラ、(4)セキュリティ、の四点を含む[47]。学術コミュニティにおいては、WDS(World Data System)／DSA(Data Seal of Approval)によって策定された中核的な統一要件であるCoreTrustSealが良く知られており[48]、同要件はOAIS参照モデル(Reference Model for an Open Archival Information System)をベースに作成されているなどアーカイブの文脈にも親和性が高い。

6-2-3　その他

その他、研究データの法的相互運用性を確保するためのガイドライン策定[49]、COAR(Confederation of Open Access Repositories)による統制語彙の整備[50]など、様々な角度からの標準化活動が行われている。RDAの各種WG、IG等で作成された成果物はウェブサイト上で一覧でき[51]、成果物の実装例も今後公開されていくことが予定されている。

6-3　研究データサービスの展開

論文の根拠となる研究データへのアクセスを保障するため、海外の大手出版社を中心に研究データ共有の推奨ないし義務化のポリシー制定が進んでお

り[52]、ジャーナルへ投稿する際、研究データを適切なデータリポジトリに登録し、論文中での引用、リンク設定などが求められつつある。大学や研究機関においても、研究データ管理のトレーニングコース提供、データ管理計画の作成支援、組織的なストレージの提供等により、適切な管理を促すとともに大容量データの保存に係るコスト負担を実施しはじめている[53]。また、より積極的なデータの利活用を促す取り組みとして、各地でデータ分析のワークショップ開催などが相次いでいる。

7　今後の課題

　研究データ管理、利活用に関する体制整備が進む中、キープレイヤーとなる研究者自身はデータ共有、公開推進に対して何が課題と考えているか。先行調査は複数存在しているものの[54],[55]、ここでは最新の動向としてSpringerNature社が2018年に公開した国際的な調査結果[56]を取りあげたい。本調査によれば、約76％の研究者がデータの発見可能性を高めることが重要であるとしているものの、データの適切な組織化(46％)、権利関係の不明確さ(37％)、利用可能なリポジトリの選択(33％)などに問題があると回答している。

　こういった課題の背景には研究アイディアの秘匿、データ公開による研究環境の優位性の放棄といった業績に係る競争の問題や、データ公開に係る持続的資金の問題が存在することが指摘されており、また研究者は現状のところ自身の研究推進よりもデータ共有・公開を優先させるインセンティブに乏しい。後者よりの対策として、データライブラリアン、データキュレーター等のデータ管理専門職の必要性も随所で指摘はされるものの、その役割に対する認知度、普及度は依然として低く、こと国内においては雇用に結びついていない実態がある。「必要なところでしかオープンサイエンスは進まない」との指摘[57]を踏まえつつも、実務的なデータ管理を担っているドメインの研究者を議論に巻き込み、異なる目的の関係者の意思を取り込みながら認知

を高める方策が今後さらに重要となろう。国内における実態調査も複数展開されており [58],[59],[60]、引き続き動向を注視していく必要がある。

8 まとめ

　本章では、研究データ共有、保存、公開にまつわる国際的な動向を中心に紹介した。オープンサイエンスが持つデータ利活用への期待と研究公正対応、知的財産の保護としてのデータ管理は、主張する立場によって到着点がやや異なるように見受けられるものの、その前提として共通する研究データ管理の必要性については分野を超えて認識されつつあるのが現状と言えよう。また、科学研究の成果を社会に還元する視座からは、デジタルアーカイブはその方向性をオープンサイエンスと共有しており、また抱える課題はデジタル環境での取り扱いにおいて近しい(より踏み込んで言えば、連動していると考えるべきだろう)。研究データ管理のあり方やその価値をより深く考察する上で、デジタルアーカイブにおける議論、とりわけ背景にある(べき)アーカイブズ学の蓄積は大いに参考となるだろう。一方、カレントのデータを扱う上では各分野における慣習は最大限に尊重されるべきであり、その上でウェブ時代に即した共有、保存、公開のあり方を模索する必要がある [61]。将来的なアーカイブズへの接続を見据えつつ、研究データの価値を高める実践的な取り組みが今後も求められよう。公共図書館、大学図書館によるデジタルアーカイブ構築が進められる中、その知見が研究データにも適用されていく可能性に期待したい。

　本章を執筆するにあたっては、デジタルアーカイブの理論面につき福島幸宏氏(東京大学大学院情報学環)より有益なコメントを頂いた。ここに記して謝意を示す。

注

1) 国際的動向を踏まえたオープンサイエンスの推進に関する検討会(第11回)『研究データ基盤整備と国際展開ワーキング・グループ報告書「研究データ基盤整備と国際展開に関する戦略」』(https://www8.cao.go.jp/cstp/tyousakai/kokusaiopen/11kai/siryo1-1.pdf)(最終アクセス:2019年9月13日)

2) クリスティン L・ボーグマン(佐藤義則・小山憲司訳)(2017)『ビッグデータ・リトルデータ・ノーデータ──研究データと知識インフラ』勁草書房, 267. なお、引用元で示されている参考文献が多岐に渡り、ここでは簡便のため日本語による表現のみを示している。

3) 渡邉堯(2012)「ICSU世界データシステム(WDS)について」『学術の動向』17(6), 11-15.

4) 五條堀孝(2012)「ICSU CODATA(科学技術データ委員会)の活動とWDSとの連携」『学術の動向』17(6), 28-33.

5) 外務省(2013)『G8科学大臣及びアカデミー会長会合の結果概要』(https://www8.cao.go.jp/cstp/gaiyo/yusikisha/20130620/ko1-1.pdf)(最終アクセス:2019年9月13日)

6) 内閣府(2015)『国際的動向を踏まえたオープンサイエンスに関する検討会』報告書(https://www8.cao.go.jp/cstp/sonota/openscience/)(最終アクセス:2019年9月13日)

7) 科学技術基本計画 平成28年1月22日閣議決定(https://www8.cao.go.jp/cstp/kihonkeikaku/5honbun.pdf)(最終アクセス:2019年9月13日)

8) 平成28年7月6日 日本学術会議 オープンサイエンスの取組に関する検討委員会(2016)「オープンイノベーションに資するオープンサイエンスのあり方に関する提言」『学術の動向』21(8), 98.

9) 世界最先端IT国家創造宣言・官民データ活用推進基本計画 平成30年6月15日閣議決定(https://www.kantei.go.jp/jp/singi/it2/kettei/pdf/20180615/siryou1.pdf)(最終アクセス:2019年9月13日)

10) Open Knowledge Foundation, *The Open Definition*(http://opendefinition.org/)(最終アクセス:2019年9月13日)

11) 東修作(2014)「なぜオープンデータにとってオープンの定義が重要なのか──品質、互換性そして単純性」(http://okfn.jp/tag/open-definition/)(最終アクセス:2019年9月13日)

12) 内閣官房 情報通信技術(IT)総合戦略室(2016)『オープンデータ』(https://cio.go.jp/policy-opendata)(http://okfn.jp/tag/open-definition/)(最終アクセス:2019年9月13日)

13) 榎木英介(2018)「日本における研究不正の実例とメディアでの取り上げられ方」

　　　　　『YAKUGAKU ZASSHI』138（4），459-464.

14）　日本学術会議（2015）『回答 科学研究における健全性の向上について』（http://www.
　　　scj.go.jp/ja/info/kohyo/pdf/kohyo-23-k150306.pdf）（最終アクセス：2019年9月13日）

15）　統合イノベーション戦略 平成30年6月15日閣議決定（https://www8.cao.go.jp/cstp/
　　　tougosenryaku/tougo_honbun.pdf）（最終アクセス：2019年9月13日）

16）　内閣府（2018）『国立研究開発法人におけるデータポリシー策定について』（https://www8.
　　　cao.go.jp/cstp/stsonota/datapolicy/datapolicy.html）（最終アクセス：2019年9月13日）

17）　文部科学省（2016）『学術情報のオープン化の推進について（審議まとめ）』（https://
　　　www.mext.go.jp/b_menu/shingi/gijyutu/gijyutu4/036/houkoku/1368803.htm）（最終アクセ
　　　ス：2019年9月13日）

18）　URA（リサーチ・アドミニストレーター）とは、研究活動を効果的・効率的に進
　　　めていくために、プロジェクトの企画・運営、知的財産の管理・運用等の研究支援
　　　業務を行う人材を指す。

19）　データ管理人材の育成につき、能力開発プログラムの策定がオープンアクセス
　　　リポジトリ推進協会（JPCOAR）及び国立情報学研究所（NII）の共同で進められている。
　　　詳しくは、以下を参照されたい。
　　　常川真央ほか（2017）「研究データ管理（RDM）トレーニングツールの構築と展開」『情
　　　報知識学会誌』**27**（4），362-365.

20）　国立研究開発法人科学技術振興機構（2017）『オープンサイエンス促進に向けた
　　　研究成果の取扱いに関するJSTの基本方針』（https://www.jst.go.jp/pr/intro/openscience/
　　　policy_openscience.pdf）（最終アクセス：2019年9月13日）

21）　国立研究開発法人日本医療研究開発機構（2018）『データマネジメントプランの提
　　　出の義務化について』（https://www.amed.go.jp/koubo/datamanagement.html）（最終アク
　　　セス：2019年9月13日）

22）　経済産業省（2017）『委託研究開発におけるデータマネジメントに関する運用ガイドラ
　　　インを策定しました』（https://www.meti.go.jp/press/2017/12/20171227001/20171227001.
　　　html）（最終アクセス：2019年9月13日）

23）　日本学術振興会（2018）『人文学・社会科学データインフラストラクチャー構築推
　　　進事業』（https://www.jsps.go.jp/data_infrastructure/index.html）（最終アクセス：2019年
　　　12月24日）

24）　林和弘（2016）「オープンサイエンスが目指すもの――出版・共有プラットフォー
　　　ムから研究プラットフォームへ」『情報管理』**58**（10），737-744.

25）　武田英明 (2018)「オープンサイエンスの出自とその方向性」『ふみ』(10) , 1.

26）　古賀崇 (2017)「「デジタル・アーカイブ」の多様化をめぐる動向——日本と海外の概念を比較して (研究展望)」『アート・ドキュメンテーション研究』(24) , 70-84.

27）　デジタルアーカイブ学会 (2017)『デジタルアーカイブ学会設立について』(http://digitalarchivejapan.org/about/shuisho)（最終アクセス：2019年9月13日）

28）　林和弘 (2018)「[A31] オープンサイエンス政策と研究データ同盟 (RDA) が進める研究データ共有と、デジタルアーカイブの接点に関する一考察——新しい研究パラダイムの構築に向けて」『デジタルアーカイブ学会誌』2 (2) , 40-43.

29）　近藤康久・林和弘 (2018)「オープンサイエンスの社会課題解決に対する貢献——マルチステークホルダー・ワークショップによる予測」『NISTEP DISCUSSION PAPER』(163)（https://doi.org/10.15108/dp163)（最終アクセス：2019年9月13日）

30）　吉見俊哉 (2017)「なぜ、デジタルアーカイブなのか？——知識循環型社会の歴史意識」『デジタルアーカイブ学会誌』1 (1) , 11-20.

31）　青池亨「E1983 -「デジタルアーカイブ」と「研究データ」の出会い＜報告＞」『カレントアウェアネス -E』(339)（https://current.ndl.go.jp/e1983)（最終アクセス：2019年9月13日）

32）　2017年3月時点での情報だが、各国のまとめは以下に詳しい。
三菱 UFJ リサーチ＆コンサルティング株式会社 (2017)『平成28年度文部科学省委託調査 科学技術イノベーション政策における「政策のための科学」推進事業におけるオープンサイエンスに関する海外動向の調査分析 報告書』(https://scirex.grips.ac.jp/resources/archive/170927_872.html)（最終アクセス：2019年9月13日）

33）　内閣府 (2016)『G7茨城・つくば科学技術大臣会合 つくばコミュニケ (共同声明)』(https://www8.cao.go.jp/cstp/kokusaiteki/g7_2016/2016communique.html)（最終アクセス：2019年9月13日）

34）　G7 Open Science Working group.（2017）*Annex 4 G7 EXPERT GROUP ON OPEN SCIENCE Executive Summary*（http://www.g7italy.it/sites/default/files/documents/ANNEX%204_WG%20Open%20Science/index.pdf)（最終アクセス：2019年9月13日）

35）　OECD.（2017）*OECD Principles and Guidelines for Access to Research Data from Public Funding*（http://www.oecd.org/sti/inno/38500813.pdf)（最終アクセス：2019年9月13日）

36）　OECD.（2015）Making Open Science a Reality, *OECD Science, Technology and Industry Policy Papers*,（25）.（https://doi.org/10.1787/5jrs2f963zs1-en)（最終アクセス：2019年9月13日）

37)　Research Data Alliance（https://www.rd-alliance.org/）（最終アクセス：2019年9月13日）

38)　*ESIP/RDA Earth, Space, and Environmental Sciences IG*（https://www.rd-alliance.org/groups/esiprda-earth-space-and-environmental-sciences-ig）（最終アクセス：2019年9月13日）

39)　Wilkinson, M., Dumontier, M., Aalbersberg, I. et al.（2016）The FAIR Guiding Principles for scientific data management and stewardship, *Scientific Data*, 3, 160018（https://doi.org/10.1038/sdata.2016.18）（最終アクセス：2019年9月13日）

40)　Dillo, I. und de Leeuw, L.（2018）CoreTrustSeal, *Mitteilungen der Vereinigung Österreichischer Bibliothekarinnen und Bibliothekare*, **71**(1), 162-170.（https://doi.org/10.31263/voebm.v71i1.1981）（最終アクセス：2019年9月13日）

41)　例えば、地球惑星科学分野におけるFAIRデータ原則の実装に係る取り組みとして、以下のプロジェクトがあげられる。

Stall, S., et al.（2018）Advancing FAIR data in Earth, space, and environmental science, Eos, 99.（https://doi.org/10.1029/2018EO109301）（最終アクセス：2019年9月13日）

42)　GO FAIR（2017）*FAIR Principles*（https://www.go-fair.org/fair-principles/）（最終アクセス：2019年9月13日）

43)　NBDC研究チーム（2018）『データ共有の基準としてのFAIR原則』（https://doi.org/10.18908/a.2018041901）（最終アクセス：2019年9月13日）

44)　FORCE11：THE FAIR DATA PRINCIPLES（https://www.force11.org/group/fairgroup/fairprinciples）（FAIR原則「THE FAIR DATA PRINCIPLES」和訳（https://doi.org/10.18908/a.2019112601））（最終アクセス：2020年3月5日）

45)　国際的動向を踏まえたオープンサイエンスの推進に関する検討会(2019)『研究データリポジトリ整備・運用ガイドライン』（https://www8.cao.go.jp/cstp/tyousakai/kokusaiopen/guideline.pdf）（最終アクセス：2019年9月13日）

46)　筆者による意訳。原文は "Management of intellectual entities and representations" とある。

47)　Lin, D.（2017）A Primer on the Certifications of a Trusted Digital Repository（TDR）, *DataScience@NIH Blog*（https://datascience.nih.gov/trusted_digital_repository）（最終アクセス：2019年9月13日）

48)　CoreTrustSealの概要については以下に詳しい。

南山泰之(2017)「E1888 - 信頼できるデータリポジトリの中核的な統一要件」『カレントアウェアネス-E』(320).（https://current.ndl.go.jp/e1888）（最終アクセス：2019年9月13日）

49)　RDA-CODATA Legal Interoperability Interest Group.（2016）*Legal Interoperability*

of Research Data: Principles and Implementation Guidelines*(https://doi.org/10.5281/
zenodo.162241)(最終アクセス：2019年9月13日)

なお、日本語による解説記事が公開されている(http://current.ndl.go.jp/e1871)(最終ア
クセス：2019年9月13日)。

50)　COAR.（2019）*Controlled Vocabulary for Resource Type Genres*（*Version 2.0*）(http://
vocabularies.coar-repositories.org/documentation/resource_types/)(最終アクセス：2019年
12月24日)

51)　Research Data Alliance.（2016）*All Recommendations & Outputs*(https://www.rd-
alliance.org/recommendations-and-outputs/all-recommendations-and-outputs)(最終アクセ
ス：2019年9月13日)

52)　例えば、Elsevier. *Research Data Guidelines*(https://www.elsevier.com/authors/author-
resources/research-data/data-guidelines)(最終アクセス：2019年9月13日)

53)　例えば、University of Edinburgh. *Information Services : Research Data Service*(https://
www.ed.ac.uk/information-services/research-support/research-data-service)(最終アクセス：
2019年9月13日)

54)　Tenopir, C. Dalton, E.D., Allard, S., Frame, M., Pjesivac, I., et al.（2015）Changes in
data sharing and data reuse practices and perceptions among Scientists Worldwide, *PLOS
ONE*, **10**(8), e0134826.（https://doi.org/10.1371/journal.pone.0134826)(最終アクセス：
2019年9月13日)

55)　Tenopir, C., Christian, L., Allard, S., &Borycz, J.（2018）Research data sharing:
Practices and attitudes of geophysicists, *Earth and Space Science*, 5(12), 891-902.（https://
doi.org/10.1029/2018EA000461)(最終アクセス：2019年9月13日)

56)　Stuart, D., Baynes, G., Hrynaszkiewicz, I., Allin, K., Penny, D., Lucraft, M. et al.（2018）
Whitepaper: Practical challenges for researchers in data sharing.（https://doi.org/10.6084/
m9.figshare.5975011.v1)(最終アクセス：2019年9月13日)

57)　小山幸伸・南山泰之(2015)「E1735 - オープンサイエンスデータ推進ワークショップ
＜報告＞」『カレントアウェアネス-E』(292).（https://current.ndl.go.jp/e1735)(最終アクセ
ス：2019年9月13日)

58)　小野雅史・小池俊雄・柴崎亮介(2016)「地球環境情報分野における研究データ共
有に関する意識調査──研究現場の実態」『情報管理』**59**(8), 514-525.

59)　池内有為・林和弘・赤池伸一(2017)「研究データ公開と論文のオープンアクセス
に関する実態調査」『NISTEP RESEARCH MATERIAL』(268).（http://doi.org/10.15108/

rm268）（最終アクセス：2019年12月24日）

60）　Allagnat, L., Allin, K., Baynes, G., Hrynaszkiewicz, I., Lucraft, M.（2019）*Challenges and Opportunities for Data Sharing in Japan.*（https://doi.org/10.6084/m9.figshare.7999451. v1）（最終アクセス：2019年12月24日）

61）　ウェブの方法論については以下に詳しい。
大向一輝・池谷瑠絵(2012)『ウェブらしさを考える本――つながり社会のゆくえ』丸善出版, 208.

第 **2** 部

自然史・理工学DAの
社会的活用

第3章

オープンサイエンスと天文学
現状と課題

玉澤春史

1 はじめに

　デジタルアーカイブが専門分野以外のあらゆる人々に利用されるためには、障壁のないプラットフォーム作りが必須である。学術研究のプロセスをオープンにすることで、「分野や国境を越えた研究成果の共有・相互利用とか従来の枠を超えた価値の創出」[1]を産もうとする「オープンサイエンス」が急速に広がっている。しかし、オープンサイエンスに含まれる個々の動きは以前から行われており、天文学は比較的各種オープン化が先行していた分野である。本章は天文学におけるオープンサイエンスの先行事例を中心に紹介し、宇宙関連学問分野のデジタルアーカイブに関する内容を概観し、今後の展望を述べる。

2　オープンサイエンス

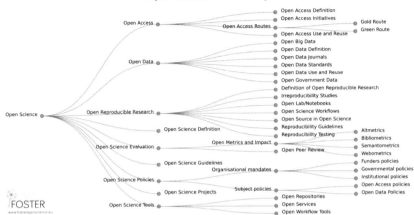

図1　Ponitoka et al.[2)]によるオープンサイエンスに関する用語の分類（出典：https://www.
fosteropenscience.eu/themes/fosterstrap/images/taxonomies/os_taxonomy.png）

　オープンサイエンスに関してはすでに本巻においても触れられている[3)]。国内外含め本章を執筆している2020年前期段階でもなおオープンサイエンスに関する明確な定義は難しい。科学技術イノベーションに関する様々なオープン化の動きが軒並み「オープンサイエンス」にとりこまれている。図1はオープンサイエンスに含まれる様々な要素をツリー上に分類したものである。あまりに要素が多いのは、様々なオープン化に関する運動がオープンサイエンスとして様々混ざってしまったという側面もある。ここではオープンサイエンスの定義として林[4)]の「研究活動をよりオープンにして科学と社会の変容をも促すムーブメント」を用いる。

　オープンサイエンスの各要素を研究活動の各プロセスにあてはめてみることもできる。研究計画、資金獲得、データ取得、解析、論文発表といった研

究の循環プロセスの各段階において、研究者自身だけでなく様々な対象へ
オープンにし、研究を活性化させる個々の取り組みが行われており、オープ
ンサイエンスとして総称されている(図2)。また、研究を長期に遂行するに
は人材の育成が必要であり、各種教育コンテンツの公開も含まれる場合がある。

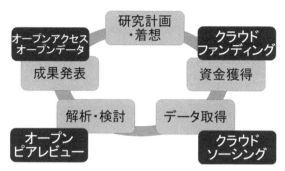

図2　研究プロセスと各段階に合せわられるオープンサイエ
　　　ンスの例[5]より改編

　次節以降では、オープンサイエンスにおける各要素について、天文学との
関連を述べる。前出のとおり、オープンサイエンスの項目は多岐にわたるが、
ここでは経済協力開発機構(OECD)のレポート[6]でオープンサイエンスの主
要項目として提示されているオープンアクセス、オープンデータ、オープン
コラボレーションに関連する内容について述べる。

3　オープンアクセスと arXiv

　研究者が研究の成果を発表する手続きのうち、一般的な方法は論文等の形
式で発表することである。特に自然科学においては、研究で得られた新たな
知見を論文という形式で公表する。論文を公開するのは、その内容が専門家
向けであるにせよ、広く公開することでその妥当性を検証し、さらに研究を
発展させるためである。その中には先駆性の宣言もあれば、広くコミュニ
ティに先に公開して新たな発見の妥当性を問う、ということもあるだろう。

いずれにせよ、広く、素早く論文を公開することで学問分野全体の発展を進展させるという目的がある。

　内容が専門的であるにせよ、読者を制限せずに誰でも論文が読める、という「オープンアクセス」を先駆けていたのは、天文学コミュニティを含む物理学コミュニティであった。

　現在オープンアクセスの形態には二種類が示されている。「グリーンロード（グリーンオープンアクセス）」と呼ばれる、著者が機関リポジトリやプレプリントサーバーにアップロードして公開をするセルフアーカイブの方法と、「ゴールドロード（ゴールドオープンアクセス）」と呼ばれる、著者側が負担してオープンアクセスを実施する二種類である。天文学を含む物理学分野においてグリーンロードの一形態として一般化しているのが、出版バージョンの手前であるプレプリントをアップロードし公開するarXiv[7]（Xをカイと読ませ、アーカイブと読む）である（図3）。arXivは現在コーネル大学の図書館が運営する他、世界の数か所にミラーサイトがある。研究者がarXivを利用する場合、査読付き論文の投稿受理後にアップロードし実質的なグリーンアクセスとして投稿している場合もあれば、先にarXivに投稿して研究者への意見を募ったり、重要な案件では先鞭性をつけておく、という場合もある。

　2019年の1年間にarXivに投稿された天文学関連の記事数（宇宙物理学関連の記事であることを意味するastro-phのタグがついているもの）は14,419編となっている。平日の日数で割れば60編程度、日によっては100編以上の新たな論文が日々投稿されている。その多くが査読を経て学術雑誌掲載を受理された原稿であったり、国際会議のプロシーディングであったりする。近年では数学、情報科学などの分野も投稿されている（図4）。

　arXivが物理学の中で標準化されたことにより、最新情報の動向を自己の研究に反映する速度は増している。また、所属する機関が特定のジャーナルを購読していない場合でも、受理された論文のプレプリントがarXivに公開されており、実質的に入手できることが可能となっている。

Physics

- Astrophysics (**astro-ph** new, recent, search)
  includes: Astrophysics of Galaxies; Cosmology and Nongalactic Astrophysics; Earth and Planetary Astrophysics; High Energy Astrophysical Phenomena; Instrumentation and Methods for Astrophysics; Solar and Stellar Astrophysics
- Condensed Matter (**cond-mat** new, recent, search)
  includes: Disordered Systems and Neural Networks; Materials Science; Mesoscale and Nanoscale Physics; Other Condensed Matter; Quantum Gases; Soft Condensed Matter; Statistical Mechanics; Strongly Correlated Electrons; Superconductivity
- General Relativity and Quantum Cosmology (**gr-qc** new, recent, search)
- High Energy Physics - Experiment (**hep-ex** new, recent, search)
- High Energy Physics - Lattice (**hep-lat** new, recent, search)
- High Energy Physics - Phenomenology (**hep-ph** new, recent, search)
- High Energy Physics - Theory (**hep-th** new, recent, search)
- Mathematical Physics (**math-ph** new, recent, search)
- Nonlinear Sciences (**nlin** new, recent, search)
  includes: Adaptation and Self-Organizing Systems; Cellular Automata and Lattice Gases; Chaotic Dynamics; Exactly Solvable and Integrable Systems; Pattern Formation and Solitons
- Nuclear Experiment (**nucl-ex** new, recent, search)
- Nuclear Theory (**nucl-th** new, recent, search)
- Physics (**physics** new, recent, search)
  includes: Accelerator Physics; Applied Physics; Atmospheric and Oceanic Physics; Atomic and Molecular Clusters; Atomic Physics; Biological Physics; Chemical Physics; Classical Physics; Computational Physics; Data Analysis, Statistics and Probability; Fluid Dynamics; General Physics; Geophysics; History and Philosophy of Physics; Instrumentation and Detectors; Medical Physics; Optics; Physics and Society; Physics Education; Plasma Physics; Popular Physics; Space Physics
- Quantum Physics (**quant-ph** new, recent, search)

Mathematics

- Mathematics (**math** new, recent, search)
  includes (see detailed description): Algebraic Geometry; Algebraic Topology; Analysis of PDEs; Category Theory; Classical Analysis and ODEs; Combinatorics; Commutative Algebra; Complex Variables; Differential Geometry; Dynamical Systems; Functional Analysis; General Mathematics; General Topology; Geometric Topology; Group Theory; History and Overview; Information Theory; K-Theory and Homology; Logic; Mathematical Physics; Metric Geometry; Number Theory; Numerical Analysis; Operator Algebras; Optimization and Control; Probability; Quantum Algebra; Representation Theory; Rings and Algebras; Spectral Theory; Statistics Theory; Symplectic Geometry

Computer Science

- Computing Research Repository (**CoRR** new, recent, search)

図3　arXivのトップページ[7]。物理の各分野以外にも数学、情報科学などが対応分野として提示されている。

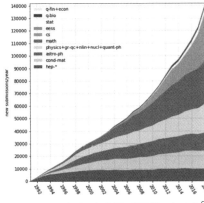

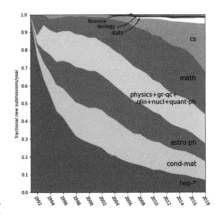

図4　arXivにおける各分野の投稿数の年変化[8]

4 論文アクセスツールとしてのADS

　arXivを含め投稿される論文の数は年々拡大している。査読論文に限ったとしても、過去の重要論文のサーベイに費やされる時間はどんどん増えている。真に重要な論文をどのように探すかが、新たな研究をはじめる時のキーになってくる。

　論文が雑誌で公開されるより先に、arXivで公開されるため、例えば非常にスピーディーに論文化が進む場合、arXivからの引用というものもある。

　天文学分野論文の検索にはNASAが提供するADS（Astrophysics Data System）が広く利用されており、ADSの登場以降、飛躍的に検索効率を向上させている（図5）。

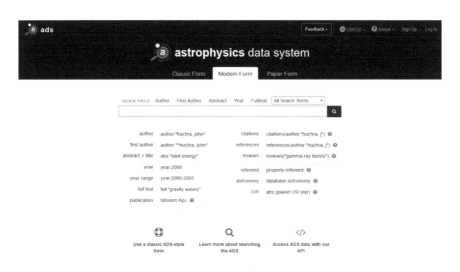

図5　ADS（Astrophysics Data System）の検索画面[9]

　論文検索としての認識が強いADSであるが、単純に論文だけではなく天文学に関する種々のデータベースと連携することにより、研究における基礎的調査に活用する必須ツールとなっている。

ストラスブール天文学データセンター(CDS)では、VizieRと呼ばれる論文から抽出した各種カタログや、SIMBADと呼ばれる太陽系外の天体名に関するデータベースを構築しているが、ADSはSIMBADと連携しており、論文検索によって各種カタログまで到達できるようになっている。

　例えば人工衛星が取得したデータの場合はデータセンターが整備され公開されることもあるだろう(後述のヴァーチャル天文台の記述も参考のこと)。一方でそういったものの中から特定の性質を持った星に関してのみリストアップしカタログ化、論文化することもあるが、例えばそのデータを掲載している表が巨大になる場合もある。特に商業誌の論文では掲載スペースに限度がある場合があり、大量のデータを使用する場合、あるいはデータベースそのものの構築が論文の内容であったりする場合、論文本体に表などのデータが載せられない場合がある。supplementとして別枠を設ける場合もあるが、論文に吸収しきれない内容をweb上のどこかに置いておく必要がある。前述のストラスブール天文学データセンター(CDS)では、電子ジャーナルに掲載しきれないほどの巨大な表の公開業務も行っている。

　現在では学術論文のオンライン発行が標準的になっているが、天文学に関する主要な論文誌はADSへ論文の情報(要旨)を提供しており、非常に早い段階で論文がADSで検索できるようになっている。

5　ビッグサイエンス・データのオープン化とヴァーチャル天文台

　データのオープン化に対しても天文学・宇宙物理学は先駆的であったが、他分野におけるオープンデータとの違いには注意する必要がある。

　大型化する望遠鏡は、現在ではもはや一国単位での建設を不可能にし、国際協力体制を否応なく構成する。典型的なビッグサイエンスである天文学では、データも巨大化している。このため、生成され手元にダウンロードしたとしても途方もない量のデータをどう処理するかが課題となっている。

　また、望遠鏡・人工衛星ごとに異なる装置を使っており、自分で観測デー

タを入手するにしても単独の装置のデータだけでなく、複数の装置を使う場合も多い。

　大型の施設はそれだけ大量かつ最先端のデータを取得することができ、そのため国際的な競争が激しい。現在ではプロポーザル制による観測時間の獲得競争が行われており、研究者は自分の観測したい内容を提案し、審査を勝ち抜くとようやく、装置を使って観測できる。

　こういった大型装置の激しい時間獲得競争の一方、自前の中口径望遠鏡を利用して観測時間を確保することで独自の科学成果を出すということもあり、その場合は各研究施設がデータを取得する。一部施設でもデータは公開しているため、例えばある日の天体現象を自前の望遠鏡では天候のため観測できなかったが、他の晴れている場所での望遠鏡で観測しており、データが残っている、という場合もある。あるいは、自分の望遠鏡は赤外線の望遠鏡だが、電波ではどのように観測されているか、といった多波長天文学のアプローチ、さらには電磁波だけでなく宇宙線、ニュートリノ、最近では重力波といったものまで利用する「マルチメッセンジャー天文学」の時代において、様々な機関のデータのありかを把握することは有利かつ必須であるが、検索には当然手間がかかる。こういった各研究機関の持つ観測データを検索できるようにする試みがヴァーチャル天文台「Virtual Observatory (VO)」[10]の思想である(図6)。

　日本では様々な観測データへのアクセス元として国立天文台がJapan Virtual Observatory(JVO)を管理運営している。JVOは国立天文台に関係した観測データベースのみならず、世界各国の観測所やGAIAなど各国が打ち上げた衛星のデータなどへも一括してアクセス可能である。

　一方でJAXAが開発した機器、具体的には人工衛星や国際宇宙ステーションに搭載された機器が取得したデータはJAXA/ISASが管理運営を行っているData Archives and Transmission System(DARTS)[11]から参照可能である[12),13)]。DARTSはVOとの連携も行われており、VOは単なるデータ検索システムの提供だけではなく、提供データ規格の統一や、ユーザーインターフェイスの改良など、データ処理環境の整備も行っている。

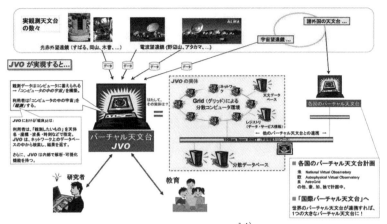

図6　ヴァーチャル天文台の概念図（JVOサイトより）[14]

　図7にJVO Portal 全体のアクセス数とダウンロード量を示す。部分的な変動はあるものも年々ダウンロード量が増えていっているのがわかる。

　各国のヴァーチャル天文台はInternational Virtual Observatory Alliance（IVOA）[15]を組織し、規格の統一などの調整にあたっている。

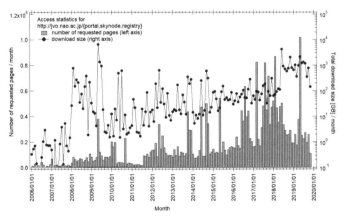

図7　JVO Portal 全体（アクセス数/ダウンロード量）[16]

近年では分野によってやや細かい組織が立てられはじめており、惑星科学の分野ではInternational Planetary Data Alliance（IPDA）[17]、太陽地球環境学の分野ではInternational Heliophysics Data Environment Alliance（IHDEA）[18]が発足し、解析・可視化ツールの開発提供、規格の統合などで各国の宇宙機関の間で調整をしている。

全ての観測データがすぐに解析・論文化されるわけではなく、様々な理由で手を付けられていないものもある。あるいは複数の観測データから知見を引き出すことも当然ありうる。そういった過去のデータを利用して行う「データベース天文学」にはこういったアーカイブが強力な武器となる。例えばチリのアタカマにある電波干渉計であるALMA望遠鏡では、観測時間獲得のため世界中からproposalが提出され、専門家によるレビューのもと、選ばれた課題だけが望遠鏡の時間を占有できる[19]。得られた観測データを提案した研究者が独占的に使えるのは1年間である。それ以降はデータが世界中に公開され、そのデータを使って自由に研究することができる。実際に観測提案をする前に、まずは過去のデータアーカイブから面白いデータがすでに取得されていないか確認することが必要である。

6　オープンコラボレーションとしてのシチズンサイエンスと天文学

オープンコラボレーションについては、データ・アクセスの二者に比べるとより広い範囲かもしれない。オープンサイエンスに含まれる種々のオープン化運動は、オープンにすることにより元々の分野以外の様々な人々が利用し、新たな価値を生むことを目的に含んでいる。新たな分野からの参入により元の分野との協力体制が構築されることもまた新たな価値の創造である。この新たな分野、というのは何も他の研究分野の職業研究者だけでなく、企業であったり、一般市民までも含む。ここでは職業研究者と非職業研究者とのコラボレーションに限定するが、先述の研究プロセスの循環構造全てにおいて、職業的な研究者ではない一般市民との協力体制が成立する。

いわゆる一般市民と協力して科学研究を進める活動はシチズンサイエンス(市民科学)と呼ばれており、オープンサイエンスよりも先に存在する概念である。

　天文学は一般にファンやアマチュアが多いとされ、プロ・アマ共同の論文もある。2019年段階で、超新星をはじめとする新天体を年に数個発見する人もいる。

　シチズンサイエンスの天文学における先行成功例としてarXivと同様にあげられるのが、スローンデジタルスカイサーベイ(SDSS)のデータを利用したGalaxy Zooである。全天サーベイであったSDSSのデータは巨大であり、目的を達成するためにデータを研究者のみで扱うことは難しいと考え、銀河の形態に絞って市民に協力して判定してもらうというシステムをウェブ上に作りあげた。結果、研究チームの予想を上回るペースで分類が行われたのである。

　重要な点として、Galaxy Zooはオープンサイエンスの中でもコラボレーション、シチズンサイエンスの文脈の成功例としてあげられることが多いが、使用しているデータは専有期間が過ぎた公開データであり、オープンデータ、しかも研究で取得されたデータが公開されたものを利用したオープンデータの成功例である。現在ではさらに領域を拡大し、他分野のオンラインコラボレーションも含んだ「Zooniverse」のサイトにGalaxy Zooも入っている。

　Galaxy Zooが研究者の取得したデータを市民が解析に協力した、いわばマンパワーの提供であるのに対して、マシンパワーの提供というものもある。天文学にかかわるシチズンサイエンスの中でも、市民のリソースを利用するものがある。地球が気知的生命体からの情報を得るため、アレシボ望遠鏡のデータを解析するために、手持ちのコンピュータが動いていない時間を利用して解析をするプロジェクトがSETI@homeである。2019年現在でも地球外からの該当するような情報は得られていないが、一方で個人のマシンの余剰時間を利用してスーパーコンピュータにも匹敵するようなリソースを確保し、解析に充てるという分散コンピューティング、あるいはボランティア・コンピューティングの成功例の一つといえる。

7 教育普及コンテンツ

　研究そのものに関連するデータや論文のオープン化に加えて、教育ツールのオープン化があげられている。研究の営みに継続性を担保するには次世代の育成は必須であり、そこにもオープン性が求められる。

　天文学の国際的組織であるIAU(国際天文学連合)の予算のうち、およそ半分が教育普及に充てられている。IAUはdivisionを構成しており、天文学の各分野の他、各種基準整備に関するグループの構成も行っている。例えば天文学で広範に利用される画像ファイル形式であるFlexible Image Transport System(FITS)の保守は、IAUのDivision B以下にあるワーキンググループ(FITS WG)によって行われている[20]。また、IAUのDivision CはEducation, Outreach and Heritageに関するものである。日本国内に目を向ければ、日本天文学会とは別に日本天文教育普及研究会という学会が存在する。特に日本の天文学が大学や研究所の研究者だけでなく、アマチュア天文家とともに発展してきたことも大きい。このため、教育普及コンテンツに関しても活発な議論が交わされている。教育コンテンツの担い手は一般市民から学会全体まで幅広い。

　前述したFITS形式のファイルを比較的容易に閲覧・解析する教育用のソフトとしてmakali'i(マカリ)[21]が無償配布されている。天文学では中高生向け、あるいは一般向けに天文学の高度な講座を提供することがあり、そこでは望遠鏡で実際に観測し、得られたデータをmakali'iで解析、高校の文化祭や日本天文学会などのジュニアセッションで発表する、という流れが天文教育の一連の流れとして存在する。

　国立天文台の4D2Uプロジェクトが無償で配布している天文ソフトMitaka[22]は、実際の観測データをもとに宇宙空間を移動して構造を把握できるようなソフトである。

　天文学の進展は日々更新されている一方、高校教育において天文学は地学分野に分類されてしまうことから、基礎的な内容でさえもあまり教えられないことが多く、そこで登場する用語もなじみが薄い場合がある。日本天文学

会では『インターネット版天文学辞典』[23]を公開している。

8　一般向けの画像・映像アーカイブ

　本シリーズ第4巻の芸術分野に関しても、天文学分野のアーカイブは関係する。様々な波長で撮影された魅力的な天体写真、ロケットの発射、国際宇宙ステーションからの地球の画像、あるいは動画などは様々な広告媒体、あるいは作品に制作されているが、利用が完全に自由というわけでは必ずしもない。

　データアーカイブに関する規約では、芸術作品への利用などは想定していないことが多かった。玉澤他[24]では実際に人工衛星取得データを利用した芸術作品を制作してもらうことにより問題点を洗い出していったが、画像改編が禁止されているものは使いにくいという意見が散見された。JAXAデジタルアーカイブズの利用規約を見てみると、「原作のイメージを損ねる改変は禁止」としており、具体例として、「図版、画像、音声、映像等のトリミング（例えば、縦横の比率を変更することや、原作のイメージを著しく損なうトリミング、はめ込み行為等）や、一部の色を変更・反転させること等の行為も含まれ」るとしている。これでは創作活動は制限されるであろう。一方でNASA由来のものでは特に断りなく利用してよいとされており、結果として使用する側、進める側も日本のものよりNASAのものを使用することが多かった。

　近年では部分的にユーザー利用への改善が見られる。ALMAの取得したデータのうち画像化されたものは、CC-BY4.0として公開されている。JAXAもISAS由来のものについては同様としている。

　一方で宇宙科学は巨大科学の典型であり、単体の機関、あるいは単独の国のみで行われる大型ミッションは非常に少ない。このため著作権についても複数の機関へ確認する必要がある。

9 今後の展望

　元々物理学分野ではじめられた arXiv であるが、様々な分野のアーカイブも arxiv.org にて提供されるようになってきた。一方で「arXiv」の表記そのものがプレプリントを意味するようになってきており、例えば生物学分野のbioRxiv、教育学分野における EdArXiv、法学では LawArXiv などといったプレプリントサービスが出現しはじめている。

　2020年に入り急速に拡大した新型コロナウイルス COVID-19 についての情報もまた、プレプリントアーカイブの速報性が発揮された場面であった。上記の bioRxiv に関連する報告があげられたがすぐに撤回されるなどあわただしい場面も散見された。池内による速報的な解説[25]にも指摘があるように、速報性の高さと公開性は透明性・信頼性の確保と同時に誤用・悪用のリスクを併せ持つ（2020年3月11日追記）。

　オープンアクセスへの制度整備が進むにつれて arXiv もそれに対応する動きが出はじめている。

　2018年、欧州の研究助成期間等で構成される Science Europe は即時オープンアクセスに関するイニシアチブ cOAlition S を発表、これに含まれる原則、通称 PlanS には「公的助成による研究成果論文は全てオープンアクセスにせよ」という内容も含まれており、出版社、研究者双方が対応を求められている。とりわけ、投稿料とジャーナルへのアクセス料が与える既存出版社への影響は大きく、当初 cOAlition S は2020年実施を謳っていたが準備時間確保などの理由から2021年まで延期されている。

　グリーンロードの象徴のような arXiv もまた Plan S への対応を考えている[26]。特に言及されることとして、安定的な資金調達の面をどのように確保するかが arXiv 側の懸念事項である。また、現在は PDF の状態で公開されており、機械による読み取りが可能な形式（たとえば XML）で保存されたテキスト形式

での公開なども未定である。

　観測データはビッグサイエンス化しているため、場合によっては従来のように手元にダウンロードして解析、という手法が難しくなってきている。

　参考として、現在計画が進められている Square Kilometre Array（SKA）計画では、稼働時で年間数百ペタバイトものデータを創出するとされている[27]。提供するデータ、解析ツールだけでなく解析する場の提供も必要となってきている。すでに国立天文台では天文データセンターが多波長データ解析システムの運用を計算機共同利用として提供しているが、地球観測衛星データでは一部クラウド上での解析を提供しており[28]、似たようなことが天文学分野でも起こるかもしれない。

　画像化データについては、先述の通り一部機関で先行している反面、各大学や研究施設が出しているものについては統一した見解があるわけではなく、これからの整備となる。

　現在進行形で増えているデータをどうするかに尽力する一方、過去に取得されたデータのアーカイブ化も喫緊の課題である。国際天文学連合が2018年総会にあった決議[29]では、歴史的な観測記録をデジタル化し保存することを推奨している。観測所ごとに所持している古いデータは個々のプロジェクトごとにデジタル化・アーカイブ化されているのが現状であり、永続性などの点で課題がある。しかしまずはフィルムや写真乾板といった以前のデバイスで撮影されたものは、劣化し情報をとりだせなくなる。まずはデジタル画像化した上で、元々のデバイスをどのように保存していくかが課題である。過去のデータに関して十分に人員、つまり資金をあてがうことはどの機関も苦労しており、限られた資源の中でいかに作業を行っていくかが課題である。

　教育コンテンツは特に充実している一方で決め手となるポータルサイト、また引用に関する取り組みはこれからである。また、昨今のPythonにおける既存(有償・無償)ソフトウェアの書き換え配布が天文学に限らず進んでいるが、これが今後どの程度まで続くかは現段階では不明である。

　一部の共同利用機関・大学を除き、天文学の研究機関においてデータアー

カイブの専門家が十分なリソースを費やして担当することはまれである。一方で巨大化するアーカイブデータを利用した研究は徐々に増えてきており、ユーザーを増やすことにより専門員となる人材を増やして確保するのが長期的な課題といえる。

　日本特有[30]の問題として言語の問題は避けて通れない。訴求力を考えたときに言語の使用人口はそのまま参加者の数として考えられる。一方で日本のように高度に専門な内容を日本語で提供できるというのは強みであり、その強みを生かしていかに国内の参加者を募るかが課題となる。2019年11月に国立天文台が公開した「Galexy Cruise」は、すばる望遠鏡の取得した超広視野主焦点カメラ「HSC」のデータを利用したシチズンサイエンスのプロジェクトである。日本語で行われる天文学分野のシチズンサイエンスとしては規模の大きなものとなっており今後の進展が期待される。

謝辞

　本稿の執筆にあたり、一方井祐子、本田敏志、市川幸平の各氏よりコメントを頂いた。本稿はJSPS科研費JP18H01254「歴史文献を用いた過去の太陽活動の研究」、JP18H05296「宇宙科学技術の社会的インパクトと社会的課題に関する学際的研究」、JP18H05319「天変地異のオープンサイエンス」、2019年度トヨタ財団研究助成プログラム「社会的意志決定を行うAIの要件──良質なデータセットと望ましいアウトプットの研究」の成果の一部である。

注
1)　内閣府（2016）『第5次科学技術基本計画』
2)　Pontika, N., Knoth, P., Cancellieri, M. and Pearce, S. (2015) Fostering Open Science to research using a taxonomy and an eLearning portal, *iKnow: 15th International Conference on Knowledge Technologies and Data Driven Business, 21-22 Oct 2015.*
3)　本巻第1章、第2章参照。また、書籍としては、マイケル・ニールセン著, 高橋明訳（2013）『オープンサイエンス革命』紀伊國屋書店.
4)　林和弘（2015）「オープンサイエンスをめぐる新しい潮流（その5）オープンな情報流

通が促進するシチズンサイエンス（市民科学）の可能性」『科学技術動向』**150**, 21-25.

5）　小野英理（2019）「オープンサイエンスの概説と展望」『システム／制御／情報』**63**（3）, 101-106.

6）　OECD（2015）Making Open Science a reality, *OECD Science, Technology and Industry Policy Papers*.

7）　arXiv（https://arxiv.org/）（最終アクセス：2020年2月29日）

8）　https://arxiv.org/help/stats/2018_by_area/index（最終アクセス：2020年2月29日）

9）　https://ui.adsabs.harvard.edu/（最終アクセス：2020年2月29日）

10）　国立天文台　ヴァーチャル天文台（http://jvo.nao.ac.jp/portal/v2/）（最終アクセス：2020年2月29日）

11）　Data Archives and Transmission System（DARTS）（https://www.darts.isas.jaxa.jp/index.html）（最終アクセス：2020年2月29日）

12）　JAXAデジタルアーカイブ（http://jda.jaxa.jp/）（最終アクセス：2020年2月29日）

13）　宇宙科学研究所（ISAS）の画像データ利用ポリシー（http://www.isas.jaxa.jp/researchers/data-policy/）（最終アクセス：2019年6月1日）

14）　http://jvo.nao.ac.jp/figs/jvo-gaiyou（最終アクセス：2020年2月29日）

15）　International Virtual Observatory Alliance（IVOA）（http://www.ivoa.net/）（最終アクセス：2020年2月29日）

16）　http://jvo.nao.ac.jp/images/2019/Total_GB.png（最終アクセス：2020年2月29日）

17）　International Planetary data Alliance（IPDA）（https://planetarydata.org/）（最終アクセス：2020年2月29日）

18）　International Heliophysics Data Enviroment Alliance（IHDEA）（https://ihdea.net/）（最終アクセス：2020年2月29日）

19）アルマ望遠鏡著作物利用規定（https://alma-telescope.jp/policy）（最終アクセス：2019年6月1日）

20）　IAU 30th GA（2018.08）RESOLUTION B3（https://www.iau.org/static/archives/announcements/pdf/ann18029d.pdf）（最終アクセス：2020年2月29日）

21）　すばる画像解析ソフトーMakali`i（https://makalii.mtk.nao.ac.jp/index.html.ja）（最終アクセス：2020年2月29日）

22）　Mitaka（4次元デジタル宇宙ビューワー）（http://4d2u.nao.ac.jp/html/program/mitaka/index.html）（最終アクセス：2020年2月29日）

23）　インターネット版天文学辞典（http://astro-dic.jp/）（最終アクセス：2020年2月29日）

24)　玉澤春史・樋本隆太・磯部洋明(2014)「衛星データ利用芸術作品の製作と天文台への展示——作家は研究リソースのどこに興味をもったか」『科学技術コミュニケーション』**15**, 91-106.

25)　池内有為(2020)「オープンサイエンスの効果と課題——新型コロナウイルスおよびCOVID-19に関する学術界の動向」『情報の科学と技術』**70**(3), 140-143.

26)　https://blogs.cornell.edu/arxiv/2019/07/18/technical-considerations-for-arxiv-compliance-with-plan-s/(最終アクセス：2020年2月29日)

27)　https://www.skatelescope.org/news/sdp-consortium-concludes-work/(最終アクセス：2020年2月29日)

28)　例えばhttps://www.tellusxdp.com/(最終アクセス：2020年2月29日)

29)　https://www.iau.org/static/archives/announcements/pdf/ann18029d.pdf(最終アクセス：2020年2月29日)

30)　https://galaxycruise.mtk.nao.ac.jp/(最終アクセス：2020年2月29日)

第4章

自然史博物館×デジタルアーカイブ

オープンサイエンスを拓く一例としての魚類写真資料データベース

大西　亘

1　はじめに

　本章では、自然史博物館で構築されるデジタルアーカイブの視点から、主に自然史関連学問との連携の役割において、自然史博物館がデジタルアーカイブを通じて社会に提供しうる役割と機能、またデジタルアーカイブが自然史博物館にもたらす意義について論ずる。はじめに自然史博物館の社会的役割と自然史博物館で取り扱われている資料についての一般的な解説を試みる。次いで、自然史博物館のデジタルアーカイブ及び類似のサービスについて紹介する。最後にまとめと展望として、自然史博物館のデジタルアーカイブが目指すべき方向性、関連する機関との連携によって果たすべき社会的役割について述べる。

2　自然史博物館の役割

　自然史博物館とは、自然界を構成する資料を取り扱う博物館であり、動物園、水族館、昆虫館、植物園、地質・化石・鉱物などの博物館とともに自然史「系」博物館と呼ばれることもある[1]。また、総合博物館にはその一部門に自然史博物館と同様の機能を有する場合がある。自然史博物館と関連する学問は多岐にわたるが、現代の生物科学(動物学・植物学・微生物学)と地球科学

(地質学、鉱物学、大気・海洋・気象、惑星・天体・宇宙)が強く関連する学問分野である。まとめると、自然史博物館は、自然界に存在する全てのものを対象とし、自然界の一部をサンプリングした「標本」を資料の中心として収集し、関連する学術分野の視点から、ものや仕組みを研究して紹介する博物館である。

では、自然史博物館がその具体的な活動を通じて社会に果たしている役割とはどのようなものだろうか。筆者の所属する神奈川県立生命の星・地球博物館を例に、その役割について述べる。

博物館の活動は、簡略化すればその専門分野の資料に対する「集める」、「調べる」、「伝える」の三つに集約される[2),3),4)]。「集める」とは資料の収集・保管活動を意味し、自然史博物館においては資料分野ごとのテーマ・文脈に沿って自然界から対象資料を採集・記録し、調査・研究や展示・普及・教育等の利用に供することを目的として、収集した資料を整理・保管することである。「調べる」は資料の調査・研究活動を意味し、学術成果の出版を目的として収集した資料をもとに、関連学問分野におけるテーマや文脈に沿った調査・研究活動が行われる。ただし、自然史においては特定の地理的空間の範囲(=地域)の自然の目録(インベントリー)作成を目的とすることや、特定の学問分野におけるテーマや文脈に沿って採集・記録が実施されることが一般的であり、「集める」はしばしば「調べる」と一体となった活動でもある。三つ目の「伝える」は資料の展示・普及・教育活動を意味し、調査・研究活動を通じて得られた資料の学問的成果を社会に紹介し、還元することを目的として、展示や普及・教育事業などの情報発信を実施することである。現代的な言葉で言いかえれば、資料を通じた学問のアウトリーチとも言える。自然史博物館においては、講座や講演会と言った広く博物館で行われる情報発信とともに、野外において実際の自然を紹介する観察会も「伝える」活動として一般的である。

視点を博物館の活動全体に戻すと、これらの三つの活動は「集める」を端緒として「調べる」活動があり、その上で「伝える」活動が成される。ある資料について「集める」ことなしに、「調べる」や「伝える」活動は成立しない。それぞ

れは個別の活動であるが、資料に対する一揃いの活動として理解すべきである。さらに、実際の博物館の活動は、一つの資料に対する三つの活動のみで完結するものでなく、専門分野の資料に対して「集める」、「調べる」、「伝える」の活動を継続し、資料と活動を蓄積することが博物館の社会的役割である（図1）。これらは博物館機能を支える三本柱の活動であり、バランスのとられた三本柱の活動が資料を蓄積するための博物館の屋台骨を支えている。広く社会全体で見れば、三本柱のうちの個々の活動は、博物館以外の組織や機関でも実施されているものであり、三本柱の循環と蓄積全体こそが博物館のアイデンティティーとも言えるだろう。すなわち、自然界から対象資料を採集・記録し、整理された資料の調査・研究によって得られた成果を、展示や普及・教育を通じて広く社会に紹介し、学問的成果を還元するとともに、将来の科学的な再検証に備えて次世代に引き継ぐことが、自然史博物館の社会的役割である。なお、本章では博物館の活動について、資料を中心とした、「収集・保管」、「調査・研究」、「展示・普及・教育」の三つとして説明したが、「収集」、「整理・保存」、「展示・教育」、「調査・研究」の四つに分ける場合[5]や、「展覧会」、「作品収集」、「普及」、「調査研究」の四つとして説明されるこ

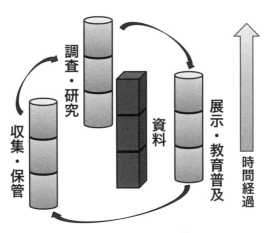

図1　博物館機能を支える三本柱のイメージ[6]

ともある[7]。ただし、ここで著者が指摘したいことは博物館の活動をいくつ
に分けるべきか、あるいはその活動区分の名称が何かではない。博物館は相
互に関わりのある複数の活動によって成立しており、いずれかの活動だけで
なく、活動全体のバランスが求められる点を強調したい。

　博物館において実施されるデジタルアーカイブは、博物館に収蔵された資
料から派生した情報の一部を体系化して発信するものである。上述した博物
館の活動としては、「展示・普及・教育」に類する活動として実施される場合
が一般的かもしれない[8]。しかし、博物館の社会的役割とそれを支える活動
が多岐にわたることは、博物館で実施されるデジタルアーカイブとも無関係
ではない。博物館で実施されるデジタルアーカイブには、「展示・普及・教
育」以外の活動、例えば「収集・保管」に関する活動、あるいは「調査・研究」
の活動に沿ったものも存在する。自然史博物館におけるデジタルアーカイブ
の実際については、第4節で述べる。

3　自然史博物館で取り扱われる資料

　前節で述べたように、自然史博物館における資料とは、資料分野ごとの
テーマ・文脈に沿って自然界から採集・記録されたもの、あるいはそのよう
に採集・記録された物から複次的に製作されたものである。前節で述べた三
本柱の活動の順序にしたがって、基本的には調査・研究の利用に供すること
を目的として整理・保管がなされている。他方、調査・研究目的以外にも模
型や複製(レプリカ)など、当初から特定の展示・普及・教育活動のために収
集・製作された資料も含まれる。こうして集められた自然史資料には、収集
家からの寄贈に由来するものなど、収集に必ずしも学術的な意図がない資料
も含まれるが、一般に特定の地域の自然の目録(インベントリー)作成や、特定
の学問分野におけるテーマや文脈に沿った採集・記録によって収集されたも
のが大半を占めている。

　これらの自然史資料全体は、自然界に存在しているものの一部をサンプリ

ングした「標本」が主たるものであり、「自然史資料」としての特性のユニークさもほとんどこの「標本」の特性によるところが大きい。その他の資料としては、自然界で直接、あるいはサンプリング済みの「標本」を計測・記録した計測値や記録である「研究データ」、自然界の一部または「標本」の形状をかたどりした「複製(レプリカ)」、展示・普及・教育用途で製作された「模型・教材」、そして自然史関連の論文、図書等の「文献」に大別できる(表1)。ただし、大半の資料はこれらの区分で区別されるが、中に二つ以上の区分について、いずれともとらえ得る性質の資料も存在することには注意が必要である。「複製(レプリカ)」や教材用途に収集された標本がそれにあたる。また、図画や画像(写真・フィルムを含む)、動画は標本以外のいずれの区分にも該当し得る。

「標本」は自然界から直接採取されたものか、自然界から直接取得された物体から採取されたものである。標本として多くの人に想像されるような剥製、骨格、液浸標本、乾燥標本、さく葉(押し葉)標本、鉱物標本、化石、プレパラートなどの他、なめし皮、岩石標本、砂、地層面、土壌、隕石、ボーリングコアといったものがあげられる。また、DNAやタンパク質分析、元素分

表1　自然史博物館資料の区分

種別	活動との関連		概要
研究データ	調査・研究	教育・普及	対象物の大きさや重さ、形、色、においなどの計測値や、記録
文献			自然史関連の論文や図書、発表スライドなど、発表を前提として体系的にまとめられた二次資料
標本			自然界から直接採取されたものか、自然界から直接取得された物体から採取されたもの
複製(レプリカ)			「標本」や自然界の物体(=実物)を精巧にかたどりして製作されたもの
模型・教材			展示や観察会やワークショップなどの教育普及目的のために製作されたもの、説明資料や解説のための道具

析などのための試料も「標本」に含まれる。さらに、考古・歴史・民俗資料などのうち、その素材や形態、題材が自然界由来のものは、自然史の文脈において自然史標本と見なすこともできる。

「研究データ」には、対象物の大きさや重さ、形、色、においなどの計測値や、記録が含まれる。具体的には採取現場の見取り図や化石が発掘された状況(産状)のスケッチやメモ、写真を含む記録画像、記録動画、DNAやタンパク質分析、元素分析の結果といったものがあげられる。これらは現在では直接的にデジタルデータとして記録されるものも多いが、紙(野帳やノートを含む)やフィルムなどアナログの媒体に記録されているものも少なくない。アナログの媒体に記録されている場合、資料の取扱い単位は含まれる個々のコンテンツではなく、しばしば記録された媒体の単位となる。

「文献・メディア」は自然史関連の論文や図書(学術書も普及図書も含む)、発表スライド、動画(番組、映画、ビデオ)を指す。発表を前提として体系的にまとめられた二次資料として、単体で何らかの主張を成すものである点で「研究データ」とは区別できる。

「模型・教材」は展示や観察会やワークショップなどの普及・教育目的のために製作されたもので、説明資料や解説のための道具なども含まれる。標本の一部を展示・普及・教育用途として識別している場合があり、そのような標本は「教材」として扱うことが妥当と考えられる。

「複製(レプリカ)」は、「標本」や自然界の物体(=実物)を精巧にかたどりして製作されたもの。一般的に、実物を展示できる機会が限られていたり、実物の移動が困難だったり、実物の素材が脆い、実物そのものを目にすること／手にすることが困難などの理由から製作される。

以上、自然史博物館で取り扱われる資料の概要を述べた。「標本」か、それ以外の資料か、という点についてはオリジナルの資料における特性や性質、付随する情報や他の資料との関係性はあるものの、それぞれ個別に資料として取り扱うことが可能である。また、自然史資料は自然界に由来する点において、自然史博物館に特有のものであるが、デジタルアーカイブのコンテン

ツとして見れば、おそらく他館種の博物館資料と大きく異なる点はないように思われる。ただし、レプリカや剥製を除く「標本」について、自然界からの採取(サンプリング)に対しては、ほとんどの場合、意匠が明示的に想定されていない点には注意が必要かもしれない。自然史資料の大部分に意匠が想定されていないことは、自然史を除く他の博物館資料、特に製作者や著者の意匠の存在が明確に意識されている美術品、芸術品や歴史資料とは取扱いが大きく異なる点とも考えられる。

4 自然史博物館におけるデジタルアーカイブの現状

　自然史博物館におけるデジタルアーカイブの紹介に入る前に、本章における「デジタルアーカイブ」の定義について整理しておきたい。ここでの定義は以下三つ全ての条件にあてはまるものである。(1)博物館の収集資料もしくは活動を記録・集積し、閲覧の用に供するもの、(2)永年にわたって運用することが前提とされているもの、(3)デジタルデータとしてコンテンツが記録・発信されているものを、「デジタルアーカイブ」とする。補足すると、コンテンツに画像(静止画・動画)が含まれているかどうかは定義に関係しない。また、コンテンツがweb公開されているかどうかも定義に関係しないものとする。なお、「デジタルアーカイブ」の定義については、しばしば関連のある分野間でも統一的なものではなく、ここでの定義もその全体について議論することを目的としたものではない。また、上述した定義も自然史博物館全体で合意が得られているものではなく、あくまで筆者による本章中での整理である。

　前述の定義に合致する「デジタルアーカイブ」は、本章第1節に述べた博物館の役割と活動の三本柱に照らしてその役割と意義を整理することができる。すなわち、博物館のデジタルアーカイブは、(1)資料の収集・保管の活動に貢献するもの、(2)資料の調査・研究の活動に貢献するもの、(3)資料の展示・普及・教育の活動に貢献するもの、のいずれか、もしくは複数の活動に

おける役割と意義を果たしている。その「デジタルアーカイブ」が自然史博物館のいずれの活動にかかるものであり、いずれの活動の利用者を対象として提供されているかを知ることにより、それぞれの「デジタルアーカイブ」が自然史博物館においてどのような役割と意義を果たすものであるかを理解することができる。

4-1 「集める」活動のデジタルアーカイブ

博物館における「デジタルアーカイブ」のうち最も広く普及しているものは、収蔵資料管理台帳に由来する収蔵資料データベースである。収蔵資料データベースは、収集した博物館資料を整理し、一覧管理して館内外の利用に供する目的で導入されている。この目的に照らせば収蔵資料データベースは「集める」活動のデジタルアーカイブと言えるだろう。なお、現在の収蔵資料データベースのシステム(ソフトウェア)の多くには、特定の研究に必要とされる資料の情報のみを抽出可能な検索機能や、外部からの閲覧に対応することを目的とした端末やweb公開システムが実装されており、この場合「調べる」もしくは「伝える」デジタルアーカイブの意義も兼ね備えている。また、博物館、特に自然史博物館においてはそもそも「集める」活動は「調べる」活動と一体的に実施されることも少なくないため、純粋に「集める」活動に特化したデジタルアーカイブを区別しにくいことも事実である。

「集める」活動のデジタルアーカイブは資料の整理・管理以外の意義からもとらえることができる。例えば、利用者に不足している／補完すべき資料を示す意義もその一つとしてあげられる。自然史資料の場合、特定の地理的空間(=地域)の自然の目録(インベントリー)の網羅を目指す活動がしばしばなされる。またこうした活動はしばしば、採集から標本の寄贈あるいはデータの取得から提供までが市民参加によって実施される。このような目的・形式で標本収集を図る場合、既に収集がなされた標本と、同時に今後補充すべき標本の情報について、広く関係者間で共有しながら標本収集を進める手法が有効である。特に年間を通じて出現時期が限られる生物の標本や記録について

は、リアルタイムで収集状況が更新可能なweb上の仕組みが威力を発揮する。実際に近年では、Twitter等のSNSやGoogle Mapの共有機能を利用した自然史博物館発の調査とデータの収集を目的とした取り組みが行われている[9]。現状の取組みでは利用しているwebサービスの永続性の点において、デジタルアーカイブとしての役割の不確実性があるように思われるものの、自然史博物館における「集める」活動のデジタルアーカイブとして、十分に注目すべきものである。

4-2 「調べる」活動のデジタルアーカイブ

博物館の資料を対象とした調査・研究活動のためのデジタルアーカイブを指す。「集める」活動のデジタルアーカイブと区別される点は、「調べる」活動のデジタルアーカイブでは、その整備の時点で具体的な研究利用が想定され、その利用に特化した実装がなされているか、と言う点であろう。自然史博物館では、過去の調査・研究の証拠となった標本のデータベースを中心に「調べる」活動のデジタルアーカイブが整備されている。

生物系においては、「タイプ標本データベース」はその一つとしてあげられる。生物の学術上の世界共通名称「学名」を定義する証拠となった標本をタイプ標本と呼ぶ。生物分類学においては新種を提案する際には既知の近縁な生物と異なることの証拠を提示する必要がある。その際には新たに見つかった生物の証拠標本だけでなく、既知の生物のタイプ標本も確認する必要がある。そのような学術上の必要性に対して提供されているのがタイプ標本データベースである。国立科学博物館のタイプ標本データベース[10]のように、タイプ標本を所蔵する博物館がそれを公開するシステムとして運用している場合もあるが、世界中の標本情報を一堂に集めたデータベースとして構築され、公開されている例もある。植物標本におけるJSTOR Global Plants[11]もその一つである。

これは世界中の植物園や博物館などの植物標本室(＝ハーバリウム、Herbarium)が協力し、国際共同事業Global Plants Initiative (GPI)[12]として植物のタイプ

標本画像を集積し、非営利の電子図書館JSTORの関連デジタルアーカイブとして公開されているものである。

　「調べる」活動のデジタルアーカイブはその目的上、専門的な知識がないと扱いにくいものも含まれる。一方で、専門家の用に供することを前提として情報が整理されており、その内容については一定の品質や精度を持つか、品質についての詳細な情報が提供されていることが一般的である。

4-3　「伝える」活動のデジタルアーカイブ

　博物館の展示や普及・教育活動を目的としたデジタルアーカイブが含まれる。実際の博物館の展示室のコンテンツや関連コンテンツを仮想空間上で閲覧・体験することを目指した「バーチャルミュージアム」もこの中に含まれる。具体的には、群馬県立自然史博物館「展示バーチャルミュージアム」[13]や、国立科学博物館の「常設展示データベース」[14]、同館「過去の展示(デジタルアーカイブ)」[15]など、展示室のコンテンツをweb上で疑似的に閲覧することを目的としたものがあげられる。また、大阪市立自然史博物館「博物館裏方探検へようこそ」[16]は、コンテンツの入り口が同館の展示室ガイドと同じページ上に作られているが、博物館が展示以外にも様々な活動を普段見えない裏方(バックヤード)で実施していることを紹介するユニークなものである。さらに、展示以外において、科学的な知識や博物館の活動を一般の方や子どもに向けて解説するコンテンツなども「伝える」活動のデジタルアーカイブと言えるだろう。

4-4　自然史博物館のデジタルアーカイブにおける「魚類写真資料データベース」の意義

　ここでは自然史博物館におけるデジタルアーカイブとして、長期間の運営と累積利用数の多い取り組みである「魚類写真資料データベース」[17]を例として紹介し、自然史博物館におけるデジタルアーカイブの意義を再考する。

　「魚類写真資料データベース」は、神奈川県立生命の星・地球博物館と国立

図2 「魚類写真資料データベース」の検索結果画面の例[18]。左が生態写真(a)、
　　右が標本写真(b)。

科学博物館が管理・運営する魚類の生態写真(図2a)や標本写真(図2b)から構
成されるデータベースで、2004年にweb公開された(英語版のFishPixは1998年
運用開始)。神奈川県立生命の星・地球博物館の資料管理データベースに収集
された魚類写真の一部を、国立科学博物館が管理・運営するweb公開データ
ベース上で公開するシステムとして、役割を分担し、運営されている。2019
年3月末現在、神奈川県立生命の星・地球博物館の内部データベースには
186,774点の魚類写真が収録され[19]、web公開データベースには134,591点
の魚類写真が収録されている[18]。近年では神奈川県立生命の星・地球博物
館の内部データベースから、毎年新たに5,000件を選び出してweb公開デー
タベースの資料の蓄積をはかっている。なお、web公開データベースへの
アップロードの際には、乱獲防止と作業量の軽減を目的として詳細な記録
位置などメタデータの一部を意図的に削除している。「魚類写真資料データ
ベース」は、全てのデータが納められた非公開の内部データベースと、適
切なキュレーションがなされたweb公開データベースから構成されている。
「魚類写真資料データベース」は2004年のweb公開以来、2019年3月までに
累計2,580万ページビューの利用があり[19]、2019年6月には国の分野横断統

合ポータル「ジャパンサーチ」[20]とも連携を果たした。なお、2019年8月現在、ジャパンサーチと連携した自然史分野の外部データベースは「魚類写真資料データベース」と「サイエンスミュージアムネット」[21]（国立科学博物館）の2件となっている[20]。

　「魚類写真資料データベース」がweb公開されたのは2004年であるが、神奈川県立生命の星・地球博物館ではそれ以前から魚類写真資料を収集管理し、端末での検索・閲覧が可能なシステムが稼働しており、システム全体の整備開始は1994年頃に遡る[22]。「魚類写真資料データベース」は国内の自然史系デジタルアーカイブとして、長期間の運営継続と収載資料件数が多い点がしばしば注目されるが、自然史系デジタルアーカイブとしては、中でも、前述した自然史博物館の活動に直結するいくつかの特徴が注目すべき点である。これらの特徴の主なものとして、(1)魚類写真の特性、(2)学術的意義、(3)市民科学としての側面の三つの点があげられる。以下にこれらの詳細を述べる。

4-4-1　魚類写真の特性

　魚類は形態の多様性とともに色彩の多様性が存在し、種類ごとの形態や色彩の違いは、魚類の分類・生態・進化などに密接にかかわっている。しかし、魚類の色彩は魚類の死後急速に失われてしまう。魚類の博物館標本として一般的な液浸標本においても、その形態がほぼ生時のまま保存できるのとは対照的にその色彩を保存することは困難である。そこで、魚類の色彩を可能な限り生時のまま記録することを試みたものが博物館資料としての魚類写真である。ところが、例えば同じように色彩が失われやすい草花と比べても、そもそも水中で動き回る魚類の生きたままの姿をとらえることは容易ではない。「魚類写真資料データベース」は、このように収集が容易でない魚類写真を、水中で魚類写真を撮影する機会を持つダイビング愛好家や研究者の協力を得ることで、収集資料に強い独自性のあるデジタルアーカイブとして運営されている。実際に、なじみのない魚類の名前をweb検索してみると、「魚類写真資料データベース」の該当ページがしばしば検索結果の上位に登場するこ

とからも、他にはないデータベースとしての収載資料の独自性をうかがうことができる。

4-4-2 学術的意義

「魚類写真資料データベース」は、収集が容易ではない魚類写真を収載し、同時に学術資料としての再検証可能性に最大限配慮している点で、学術的な意義を持ち、主に分類学、生態学、生物地理学といった自然史科学を中心に研究に役立てられている [18]。前述の自然史資料としての区分としては「研究データ」に含まれるものである。分類学的研究においては、魚類写真資料データベースに収載されることで、ダイビング愛好家が撮影・私蔵してきた貴重な生態写真が研究者の目に留まる機会が増大し、これらの写真に基づいて新種が発見される事例があげられる。また、同じ種の魚類についても、データベースに集められた数多くの画像を見ることによって、一人の研究者が独自に集めるには大変な時間と労力のかかる個体ごと、季節、地域ごとに異なる違い（個体変異、季節変異、地域変異）に関する情報を得ることができ、これらの情報も新たな学問の進展に役立てられている [23]。生態学的研究においては、生態写真の撮影日や撮影水深によって、魚の出現時期や生息水深を知ることができる。例えば、ある海域で撮影されたＡという魚を検索すると、撮影された月が何月から何月の間で、撮影された水深として多いのはどのくらいの深さか、記録された水温はどのくらいかといったことを調べることができる。また、いろいろな魚の水中での定位姿勢や鰭の機能、共生の事実など、これまで知られていなかった魚類の生態の記録にも役立っている [24],[25]。生物地理学的研究においては、地域ごとに撮影された魚種をリストアップすることで、その海域の魚類相（魚類の一覧と構成を明らかにしたもの）を知ることができる [26],[27]。あるいは、魚種ごとの撮影地を俯瞰することで、その魚種の分布範囲を知ることができる。これらの基礎的な情報は、黒潮が魚類の分布に与える分断的機能を解明することや、温暖化による魚類の分布変化の予測にもつながる [28],[29]。さらに、収載画像の割合としては

一部に限られるが、液浸標本として神奈川県立生命の星・地球博物館に実物が収められている個体の写真も含まれており、これらについては被写体となった標本を参照することで、その形態や遺伝子等についてもより詳細な検証が可能となっている。

「魚類写真資料データベース」が学術的意義を持つ重要な点は、魚類の専門家である学芸員が主体的にかかわって、魚類写真を同定・整理し、上述のような学術資料としての用に足る形で公開している点である。web上に散在する魚類の写真についても、「魚類写真資料データベース」の収載資料と同じような学術的意義を持つものが含まれている場合もある[30]。しかし、実際にweb上に散在する魚類の写真は玉石混交であり、自然史資料として必要とされる記録情報(いつ・どこで・誰が撮影したのか)を保持していない情報や、魚類の名前が正確でない情報が入り混じっている。「魚類写真資料データベース」が自然史資料のデジタルアーカイブとして成立し、多くの利用者を得ているのは、魚類写真資料が学術資料として必要な記録情報を持ち、一定の精度での同定がなされているなど、専門家によるキュレーションが介在しているからに他ならない。

4-4-3 市民科学としての側面

職業研究者(＝専門家)のみでは達成できない取り組みを、関心のある市民(＝非専門家)の協力を得て実施し、科学的な成果に結びつけたり、取り組みを通じて科学的知識や関心の普及に結びつけたりする行為を、市民科学(Citizen Science)もしくは市民参加型科学と呼ぶ。なお、市民科学の語の定義については、特に学術的成果の企図と専門家の介在が重要な点との指摘もある[31]が、本章では学術的成果の有無に関わらず、広く市民の科学的営為に繋がる行為[32]として用いる。ダイビング愛好家に協力を呼び掛けることで、収集が難しい魚類生態写真の収集を果たしている点において、「魚類写真資料データベース」は市民科学としての側面も兼ね備えている。ここでは、「魚類写真資料データベース」がなぜ市民科学としての側面を持つに至ったのか

について着目したい。その理由としては、ダイビング愛好家が魚類研究者よりもはるかに人数が多く、活動する範囲においてこれまでにない魚類写真を撮影する機会が豊富であることがあげられる。また、ダイビング愛好家が主として活動する水深、陸地からの範囲は、漁業や船舶を利用した調査では把握しにくい水域である。同時に、ダイビング愛好家の活動水域はサンゴ礁や浅海の藻場、岩礁など、美しい色彩や特徴のある色彩を持つ魚類が豊富な一帯でもある。すなわち、ダイビング愛好家が楽しみとして撮影した写真には、そもそも他では得られない写真資料となる背景が存在していたのである。また、ダイビング愛好家にはダイビングをした際の日時、場所、水深、水温、観察できた事象などをログとして記録し、残す習慣がある。この点は写真とともに記録情報の提供を受ける際に提供者に特別な負担をかけず、習慣の延長上として無理なく協力が得られることにも結びついている。このような背景を把握した上で、学術資料として成り立つ記録情報を収集・整理し、写真資料を自然史科学の研究成果に結びつけることを明確に意図したデータベースとして、「魚類写真資料データベース」は取り組みが設計されている[22]。

　実際の運用においてはさらに、公開された魚類写真は研究者やダイビング愛好家、魚類飼育愛好家、釣り愛好家など、様々な利用者の用に供されている。特に魚類分類学者以外の専門家、専門家でない愛好家にとって、その魚の名前が何であるか、正確に名前を定めること（同定）は容易ではなく、専門家によって十分な精度で同定がなされている「魚類写真資料データベース」は、魚の名前を知る情報源として大変有用である。この点はまた、魚類写真を提供する際にも、専門家のいわば「お墨付き」を得た上で数多くの人の目に触れる形で公開されるという認識にもつながり、写真を提供する動機ともなっているようである。同時に、他の人がまだ誰も提供していない魚の写真や、専門家も知らない魚の姿や新事実をいち早く提供しようという動機が、より多くの魚類写真の提供による資料収集に繋がり、専門家の整理と知見を得て、新たな事実として発信されるという好循環も生み出している。

　なお、デジタルアーカイブの運営上の着目点として、「魚類写真資料デー

タベース」では収載している写真の著作権は撮影者にあることを明示し、原則として写真の撮影者からは「魚類写真資料データベース」での使用許諾のみを受けている点があげられる。これは、ダイビング愛好家らが自身の楽しみのために撮影した写真を「魚類写真資料データベース」に提供するハードルを下げ、特に提供後も撮影者自身がその写真を自由に利用することの妨げとならぬよう配慮されたものである。

　さて、以上のように「魚類写真資料データベース」の背景と意義を詳しく見てみると、前述の自然史博物館におけるデジタルアーカイブの観点からは、「魚類写真資料データベース」は博物館における三本柱の活動それぞれに合致していることが明らかである。すなわち、「集める」活動のデジタルアーカイブ、「調べる」活動のデジタルアーカイブ、そして「伝える」活動のデジタルアーカイブ、いずれの意義についてもカバーしている点は「魚類写真資料データベース」の最も注目すべき点と言える。このように自然史博物館が運営するデジタルアーカイブにおいて、その意義が博物館における三本柱の活動と合致していることによって、そのデジタルアーカイブを運営・継続することが博物館の活動意義とも直結し、長期にわたる取り組みの継続を支えている。

5　自然史博物館のデジタルアーカイブが拓くオープンサイエンス

　これまで、自然史博物館におけるデジタルアーカイブについて、主に自然史博物館の内部における目的と意義に注目してきた。本節では、自然史博物館とそのデジタルアーカイブが広く博物館の外側、社会に与える影響と意義について、特にオープンサイエンスの視点から注目し、本章全体のまとめとする。

5-1　「魚類写真資料データベース」にみるコンテンツ流通の意義
　「魚類写真資料データベース」を構築し、運営・管理を主導している神奈川県立生命の星・地球博物館の瀬能宏博士によれば、

整備を進めるにあたって当初より念頭にあったことは、それ以前に魚類学、特に魚類分類学において、標本に対して補足的な資料としての扱いしかなかった魚類生態写真を、標本とは性質や意義は異なるものの、独立した学術資料として取扱う意義があること、そしてそのことを広く発信する意義があることの2点であり、同時に、魚類生態写真の収集は博物館の資料収集としても十分成り立つであろうこと、また多くの魚類生態写真を集めることができれば"何か面白いことに結びつくであろう"との確信があり、ダイビング愛好家からも同じような気持ちを持って協力を得られそうだとの思いがあったとのことである。（瀬能私信）

　このような考えのもとで、いつ・どこで・誰が記録したのかという自然史資料としての記録情報と、学術資料としての再検証性を担保するグローバルに通用する固有IDを資料番号として付与し、魚類写真の整理を進めたことは、後年、webデータベースとしての公開を果たし、資料の収集保管から調査研究を経て普及・教育に至る博物館活動全体と合致するデジタルアーカイブとなり得た意義において、最も重要な点と考えられる。すなわち、個々の魚類写真が「魚類写真資料データベース」上で閲覧できることをもって完結するのではなく、学術資料や様々な社会的意義において、引用や参照される形で「再流通」し得る形式で整理・公開されている点である。
　自然史博物館のデジタルアーカイブは、「標本」をオリジナルのコンテンツとする場合には、「標本」を辿れる形式で発信され、引用や参照に耐えうる形で情報の流通がなされることを意識されていることが一般的だが、「研究データ」である魚類写真を対象とした「魚類写真資料データベース」のように、「標本」以外を対象としたデジタルアーカイブについても、オリジナルのコンテンツが辿れる形式で発信され、引用や参照に耐えうる形で情報の流通がなされることが望ましい。同時に、デジタルアーカイブに収載されるコンテンツとしての博物館資料の引用や参照を前提とすれば、デジタルアーカイブの整備に伴って、博物館資料と学術論文や展示、関連する資料データベースな

どの引用先とのデジタルアーカイブ間での相互参照性(クロスレファレンス)を巡る情報流通の発展も予想される[33]。これらの視点は、長期にわたる自然史博物館のデジタルアーカイブの発展と持続可能性をもたらすものとして、今後の展開に期待したい。

5-2　自然史系デジタルアーカイブの現状と課題

　自然科学系のデジタルアーカイブを見渡してみると、博物館が運営の主体となっていないものの、含まれるコンテンツの種類や性質の面からは、限りなく近接した内容のものも数多く存在する。例えば、自然史関連の学術資料を取り扱う研究機関は、しばしば標本室や標本館のような施設を備え、資料データベースに代表されるようなデジタルアーカイブを整備している。国内では海洋研究開発機構(JAMSTEC)、産業技術総合研究所、国立極地研究所、農研機構(NIAES)、理化学研究所などの研究機関に設置されている自然史関連の標本収蔵部門とデータベースがあげられる。これらの機関の標本収蔵部門が持つデジタルアーカイブは、特に調査研究のためのデジタルアーカイブとして自然史博物館においても参考とすべき点が多い。一方、自然史博物館において資料収集保管、調査・研究、普及・教育・展示といった三本柱の活動が一定のバランスのもとで求められているのとは対照的に、こうした機関の標本収蔵部門では調査・研究活動に対するエフォートが重視されたバランスで実施されていることが一般的である。自然史博物館と研究機関の社会的役割や立場の違いを把握した上で、相互の情報交換や連携が有用と考えられる。また、自然史のうち生物の情報については、地球規模生物多様性情報機構[34](GBIF。本巻の第5章細谷剛氏の記事も参照)も自然史博物館が密接にかかわる取り組みである。自然史博物館は、様々な再検証可能性を持つ自然史標本の情報提供を中心としてGBIFに貢献してきた。GBIFへの情報提供は自然史博物館がそれぞれの所蔵する標本とその情報をオープンデータとして広く公開する経験を通じて、標本とその情報の流通が可視化されるようになった点において自然史博物館にも大きな影響を与えている。ただ

し、GBIFはオープンデータとして情報発信する仕組みなど、情報の取扱いが中立的である点は評価すべきだが、現実的には研究者であっても一定の知識・技術を持った人でなければ、収載されている情報を活用できる状況にはない。また、GBIFに限らず自然史博物館と密接な関係を持つこれらのデジタルアーカイブは、主として学術情報としての資料を調査・研究する目的で構築されており、研究者がその利用対象として想定されている「調べる」活動のデジタルアーカイブである。これらのデジタルアーカイブが、非専門家の市民を含むより広い対象に利用されるようになることは、収載される自然史資料だけでなく、目的として設定されている自然史研究そのものの社会的な意義が認知される意味でも重要と考えられる。

　ところで、近年自然史科学の分野では、博物館の内外で研究者だけでなく広く市民にまで取り組みの全容を可視化し、さらに参加の機会を提供する取り組みが盛んになっている。野外の生物の分布情報についてスマートフォンを中心とした現代の情報技術を活用し、市民参加型科学の手法で収集してwebで公開・共有する取り組みが世界各地で進められている。取り組みの旗手であり最も規模の大きなものとして知られるのは、現在カリフォルニア科学アカデミーが主催する「iNaturalist」[35]である。iNaturalistの観察記録のうち、一定のユーザーの確認を経た記録は「研究グレード(Research Grade)」として、GBIFに提供され、オープンデータで共有される(iNaturalistへの観察記録の登録時に非公開設定をしたものは除く)。他のユーザーが登録した観察記録を確認すると確認数に応じてランキングが公開されるなど、参加を動機づける工夫も備えられている。

　どのような課題を解決するための取り組みなのか、専門家ではない市民にも概要が理解できる形で明瞭に目標を示し、課題解決のための共同作業への協力を求めたこと、また、取り組みへの参加にあたって具体的な解決事例や向かうべき方向性は示しつつ、「やってみたら楽しそう」といった参加者の意識を得ている点は、iNaturalistと前節で紹介した「魚類写真資料データベース」との間で共通する点と言えよう。

5-3　デジタルアーカイブが自然史博物館にもたらすオープンサイエンス

　「魚類写真資料データベース」で見てきたように自然史博物館の三本柱の活動それぞれに関わるデジタルアーカイブが社会に対して発信・公開されることで、自然史博物館の三本柱の活動が社会に対して可視化される。同時に、自然史博物館の三本柱の活動は、自然史科学の過程そのものでもある。すなわち、自然史博物館の三本柱の活動それぞれに関わるデジタルアーカイブを社会に対して発信・公開することは、自然史科学の過程そのものを社会に対して可視化することに他ならない。前述のiNaturalistの取り組みは、自然史科学の過程を社会に対して可視化するものであり、この点において「魚類写真資料データベース」との共通性が見て取れる。この、「科学の過程」を社会に可視化する行為は、科学が専門家だけのものではなく、社会に生きる全ての人のものであるという、「オープンサイエンス」の理念と結びつくものである。同時に、博物館の立場から見れば「オープンサイエンス」の理念は、社会教育施設、生涯学習施設としての博物館の役割とも整合する。

　本章では、自然史博物館のデジタルアーカイブは、博物館における三本柱の活動と対比して区分することができることを示した。その上で「魚類写真資料データベース」は、博物館における三本柱の活動のいずれにも沿ったデジタルアーカイブの取り組みであることを紹介した。さらに、自然史博物館のデジタルアーカイブは、博物館における三本柱の活動全体に沿った取り組みとして実現することで、広く市民から研究者まで自然史科学の過程を可視化し、参加の機会を提供する点においてオープンサイエンスを実現するものであることを示した。

謝辞

　本稿の執筆にあたって、神奈川県立生命の星・地球博物館の瀬能宏博士には、魚類写真資料データベース整備の背景や歴史についての情報をご教示いただくとともに関連資料の提供をいただいた。ここに記して感謝申し上げる。

注

1)　植野浩三(2012)「博物館の種類」、全国大学博物館学講座協議会西日本部会編『新時代の博物館学』芙蓉書房出版，21-23.

2)　斎藤靖二(2007)「博物館が博物館であり続けるために」『自然科学のとびら』**13**(3)，18.

3)　大西亘(2018)「自然史系"地域"博物館の役割——神奈川県植物誌の事例から」『神奈川県博物館協会報』**89**，7-8.

4)　瀬能宏(2019)「学芸活動に基づく自然史博物館の事業評価に必要な視点」『自然科学のとびら』**25**(3)，22-23.

5)　印南敏秀(2012)「博物館の基本的機能と学芸員の役割」、全国大学博物館学講座協議会西日本部会編『新時代の博物館学』芙蓉書房出版，18-20.

6)　専門分野の資料に対して「集める」「調べる」「伝える」活動を継続し、時間の経過とともに資料と活動を蓄積することが博物館の社会的役割である。それぞれの柱は個別の活動であるが、資料に対する一揃いの活動として理解すべきであり、三本柱の循環と蓄積全体こそが博物館のアイデンティティーとも言える。前掲注3)の図を一部改変して引用。

7)　山梨俊夫(2011)「美術館は川」、国立国際美術館『館長からのメッセージ』(http://www.nmao.go.jp/guide/message.html)(最終アクセス：2019年8月19日)

8)　佐藤琴(2019)「博物館情報・メディア論」、栗田秀法編『現代博物館学入門』ミネルヴァ書房，215-244.

9)　大澤剛士(2018)「ICTが拓いた生態学における市民参加型調査の可能性と、持続可能な体制の確立に向けた切実な課題」，種生物学会編『種生物学会電子版和文誌第2巻　情報通信技術で革新する生態学——加速するオープンデータとオープンサイエンス』(http://www.speciesbiology.org/eShuseibutsu/evol2/front.html)(最終アクセス：2019年8月19日)

10)　国立科学博物館「タイプ標本データベース」(http://www.type.kahaku.go.jp/TypeDB)(最終アクセス：2019年8月19日)

11)　JSTOR Global Plants(https://plants.jstor.org/)(最終アクセス：2019年8月19日)

12)　Global Plants Initiative (GPI)(http://gpi.myspecies.info/)(最終アクセス：2019年8月19日)

13)　群馬県立自然史博物館「展示バーチャルミュージアム」(http://www.gmnh.pref.gunma.jp/exhibition/virtual)(最終アクセス：2019年8月19日)

14)　国立科学博物館「常設展示データベース」(https://www.kahaku.go.jp/exhibitions/

dbpermanent/index.html）（最終アクセス：2019年8月19日）

15）　国立科学博物館「過去の展示（デジタルアーカイブ）」（https://www.kahaku.go.jp/exhibitions/old/index.html）（最終アクセス：2019年8月19日）

16）　大阪市立自然史博物館「博物館裏方探検へようこそ」（http://www.mus-nh.city.osaka.jp/5virtual/backyard/index.html）（最終アクセス：2019年8月19日）

17）　魚類写真資料データベース（https://www.kahaku.go.jp/research/db/zoology/photoDB/）（最終アクセス：2019年8月16日）

18）　aは生態写真「KPM_NR140145 ヤマブキベラ」、bは標本写真「KPM_NR108416 ヤマブキベラ」。
「KPM-NRxxxxxx」は写真資料固有のID、下部に撮影年月日や撮影場所などのメタデータが表示される。標本写真では標本固有ID（神奈川県立生命の星・地球博物館の「魚類液浸標本」の資料番号、「KPM-NIxxxxxx」が写し込まれており（図2B中央下部）、被写体となった実物標本を照会可能となっている。データベース上のカラー写真ではどちらも色彩を留めているが、同じ種の魚でも生態写真（生時）と標本写真（鮮時）では記録される色彩が全く異なることが分かる（いずれも、神奈川県立生命の星・地球博物館＆国立科学博物館「魚類写真資料データベース」より許可を得て転載）。

19）　神奈川県立生命の星・地球博物館（2019）「4.1.1. 収蔵資料登録実績」『神奈川県立生命の星・地球博物館年報 ——KPMNH Yearbook』**24**、47（http://nh.kanagawa-museum.jp/files/data/pdf/yearbook/YB24Full.pdf）（最終アクセス：2019年8月19日）

20）　ジャパンサーチ（https://jpsearch.go.jp/）（最終アクセス：2019年8月19日）

21）　サイエンスミュージアムネット（http://science-net.kahaku.go.jp/）（最終アクセス：2019年8月19日）

22）　瀬能宏（1994）「あなたの水中写真を博物館に登録して見ませんか」『神奈川県立博物館だより』**27**（1）, 4-5.

23）　Randall, J. E. and Senou, H.（2001）Review of the Indo-Pacific gobiid fish genus Lubricogobius, withdescription of a new species and a new genus for L. pumilus, *Ichthyological Research*, **48**（1）, 3-12.

24）　瀬能宏・森明茂（2001）「テッポウエビがハゼの排泄物を食べる？」『伊豆海洋公園通信』**12**（11）, 2-3.

25）　Okiyama, M., Senou, H. and Kawano, T.（2007）Kasidoron larvae of Gibberichthyslatifrons（Osteichthyes, Gibberichthyidae）from Japan, *Bulletin of the National Science Museum. Series. A*, **33**（1）, 45-50.

26)　古瀬浩史・瀬能宏・加藤昌一・菊池健(1996)「魚類写真資料データベース(KPM-NR)に登録された水中写真に基づく八丈島産魚類目録」『神奈川自然史資料』(17)，49-62.

27)　瀬能宏・御宿昭彦・反田健児・野村智之・松沢陽士(1997)「魚類写真資料データベース(KPM-NR)に登録された水中写真に基づく伊豆半島大瀬崎産魚類目録」『神奈川自然史資料』(18)，83-98.

28)　Senou, H., Matsuura, K. and Shinohara, G.（2006）Checklist of fishes in the Sagami Sea with zoogeographical comments on shallow water fishes occurring along the coastlines under the influence of the Kuroshio Current, *Memoirs of the National Science Museum*, 41, 389-542.

29)　竹内直子・瀬能宏・青木優和(2012)「伊豆半島大浦湾の魚類相および相模湾沿岸域におけるその生物地理学的特性」『日本生物地理学会会報』**67**，41-50.

30)　宮崎佑介(2018)「情報媒体を通じて取得される市民データの科学的活用」、種生物学会編『種生物学会電子版和文誌　第2巻　情報通信技術で革新する生態学——加速するオープンデータとオープンサイエンス』(http://www.speciesbiology.org/eShuseibutsu/evol2/front.html)（最終アクセス：2019年8月19日）

31)　宮崎佑介「日本型の市民科学が抱える課題——乳幼児からの幅広い世代の市民と科学との関連性」『保全生態学研究』**23**, 167-176.

32)　佐々木宏展・大西亘・大澤剛士(2016)「"市民科学"が持つ意義を多様な視点から再考する」『保全生態学研究』**21**, 243-248.

33)　大西亘(2018)「デジタル・アーカイブがもたらす「博物館資料」×「引用先学術成果情報」間のクロスリファレンスの可能性——自然史博物館標本の事例から」『デジタルアーカイブ学会誌』**2** (2)，71-74.

34)　地球規模生物多様性情報機構(Global Biodiversity Information Facility: GBIF)(https://www.gbif.org/ja/)（最終アクセス：2019年8月19日）

35)　iNaturalist(https://www.inaturalist.org)（最終アクセス：2019年8月19日）

第5章

自然史情報のデジタルアーカイブと社会的問題への利用

地球規模生物多様性情報機構(GBIF)の機能とそのデータの活用

細矢　剛

1　はじめに――デジタルアーカイブにおける自然史の位置

　デジタルアーカイブにおいてしばしば対象となるのは、文書や工芸、音楽や美術作品など、人間が創った作品である。これに対して、本章で取り扱うのは、自然物である。自然物を扱う分野としては、自然科学を想起する読者が多いと思う。しかし、ここで扱うのは自然史である。自然科学(natural science)と自然史(natural history)は混同されやすい言葉で、自然史と言う言葉には日本ではまだまだなじみの少ない読者も多いと思われる。自然科学は自然界に存在する現象に関して、仮説検証を行うことを主眼としている。これに対して、自然史のhistoryは、ギリシア語を語源としており、(1)事実の探求、調査、(2)知識・情報を得る、(3)記述・説明する、ことを意味する。自然科学も自然史も「客観性」、「再現性」を前提としたものではあるが、自然科学が一般化・普遍化を強く意図した分野であるのに対し、自然史は、個別の事象の記録・記載を意図した点が異なっている。

　自然史は自然界に存在する事実や現象の記載を重要なミッションとし、これを様々な方法によって実現する。この中で重要な証拠となるのが自然史標本である。自然史標本は分類学上の基準となる物的証拠であるばかりでなく、

環境評価や保全生物学などの様々な分野でも利用される物的な資料である。自然史標本の多くは自然史系博物館に保存されるが、一部は大学などでも保存されている。

　標本というと、ガラス瓶に入った動物や、展翅され標本箱に収容された昆虫、台紙に貼られた古めかしい押し葉標本などを思い浮かべる読者も多いだろう(図1)。これらの全ての標本に共通するのは、標本にはデータ(ラベルに書かれている情報)が伴っている、ということである。標本データには、「いつ、どこで、だれが、何が、どうやって」採集されたのかが要約されている。研究者はこれらのデータに加えて、標本の検討によって得られるデータ(形態の計測値や、DNAなどの情報など)を加えて研究を行う。

　自然史標本は物的証拠であり、再利用することによって今までと異なる側面からのデータが得られる可能性がある。そして、自然史標本の大きな特性には単独ではなく多数集めることによって力を発揮するということがある。例えば、2001年5月6日に茨城県つくば市で採集されたスギナ(植物)の標本を考えよう。これは、ある時、あるところにその生物が存在したこと(オカレンスoccurrence)を示す物的証拠である。しかし、一点の自然史標本はその生物のオカレンスを一点示すだけにすぎない。これらを多数集めて解析することによって、一点だけでは明らかにできなかったような真実をあぶり出すことができる。例えば、多数の標本によって示された一種の生物のオカレンスを時間的に解析すれば、その季節的な消長や、長期的な存在量の変動が解析できる。また、空間的に解析すれば、その分布範囲がわかる。両者を組み合わせ、時空的に解析することによって、例えば気候変動による変化などを検討することができる。このようなことを実現するためには、多数の標本のデータを共有し、利用するような体制を構築することが必要である。そのために必要となるのが自然史標木データのデジタルアーカイブである。

　本章では自然史標本のデータのデジタルアーカイブを中心として、自然史情報のデジタルアーカイブとその応用について考察する。自然史標本には鉱物などの無生物標本も含まれるが、本章では生物標本に限定して議論する。

そのため、自然史標本が持つ情報の中でも、オカレンスを中心とした生物情報(生物多様性情報(biodiversity data))に限定する。

図1　自然史標本の例

2　自然史の活動と自然史情報のアーカイブ化

　最初に自然史に関連した活動によって得られるデータについて考えよう。

　第一に、オカレンスを直接的にサポートする証拠の代表的なものが標本であり、標本はオカレンスデータを伴っている。標本は自然史系博物館等において様々な状態で保管されている。また、広い意味では、生きた動植物、環境サンプル(湖沼の水など)なども含まれる。

　第二に、観察やモニタリングによってもデータが得られる。最近では自動撮影カメラを用いた映像やリモートセンシングで、人工衛星や航空機に搭載された測定器によってコンピュータの力を借りて計測される大量のデータなども含まれる。

　第三のカテゴリーは文献データである。生物の存在は様々な形で文献に

記録されている。生態学的研究における植物相調査や毎木調査[1]の結果や、ある場所において採集・目撃された生物をリストアップしたデータであるチェックリストのデータなどがそれにあたる。

　以上述べた三つのカテゴリーは、自然史情報の最も基本となるカテゴリーである。これらのデータは専門家や職業として科学的活動を営んでいる研究者たちによって取得されることが多い。しかし、最近は市民科学と言って、職業として科学的活動を営まない人たちにデータの取得を協力してもらい、そのデータを科学的活動に役立てることも盛んに行われている[2]。

　市民科学の結果は、標本や観察データとして蓄積されることが多いが、直接的にデジタルデータとして蓄積される場合もある。

　いずれの情報も自然の調査研究において重要な役割を持っており、これらの情報を蓄積利用することによって新たな事実を明らかにしようとするのが、デジタルアーカイブを利用した活動のゴールの一つである。

　では上記のようなデータは元々どのように保存されているだろうか。最近では、記録メディアやインターネット上などに直接デジタル情報の形で記録されることもあろう。古い文献ではデータは文書として紙媒体に記録されていることが多いが、最近のデータであれば、PDFや文献のsupplementary dataなどとして、最初から電子データとなっていることも多いはずである。標本データには標本ラベルとして、いつどこでどんな生物が、どのように、誰によって得られたのかという情報が要約されて固定されている。それらの元となったデータは、直接的には実験ノートやフィールドノートなどにも記録されているはずである。また、極端な場合は、観察情報を頭の中に記憶として留めているという場合もあろう。いずれにせよ、情報は様々な活動によって様々な形で蓄積されているということができる。そこでデジタルアーカイブとして最初にやる事は、様々な形で記録されているデータをデジタル化し、利用することが可能な共通の形に整えることになる。これがデータの標準化である。一旦データが共通のフォーマットに標準化されれば、それらを共有化し、多数のデータを蓄積して利用することが可能となる。

最近では標本の採集情報に加えて、標本の画像のデジタル化が重視されてきている。標本は貸し借りによって利用されてきた。しかし、貸し借りは標本に多かれ少なかれダメージを与えるものである。また、貸し出した標本が確実に返却されることは保証されない（貸出先での管理不行き届きによる逸失、送付時の事故など）。画像データは、貸し借りにおけるアクセシビリティを向上させるばかりでなく、効率的なコレクションマネジメントを実現する上でも、アウトリーチに利用できる資源としても有用である。

　このようなことから多数の標本を抱える欧米では早期から標本のデジタル化が議論され、莫大な予算によってデジタル化が推進されてきた[3]~[6]。また、活動としてはアメリカ中心のiDigBio[7]、ヨーロッパ中心のDiSSCO[8]がよく知られている。これらの多くではベルトコンベアによって標本が運ばれ、自動的に写真が撮影されるなど、大規模な作業が行われている。

　また、アジアでは中国が大規模な標本デジタル化プロジェクトNational Specimen Information Infrastructure（国家標本平台）[9]を運営しており、20年スケールの長期的視野で、2003年以来、1,500万点を超えるデジタル化を目標としている。

　これに対し、日本では、資金不足や人的資源、スペース不足、などの問題があり、小規模な活動が散発的に展開されているに過ぎない[10]。標本を自然史研究の資源と考え、積極的にデジタル化する国家的取り組みが必要である。

3　データの標準化がもたらす恩恵

　データを共通のフォーマットとすることによって、複数のデータセット（複数のデータの集合）を連結して統合的に利用できるようになる。このような「相互に利用できること」を保証するのが相互運用性（interoperability）である。生物多様性情報においては、多くの場合、「いつ、どこに、何がいたか」「誰が、どうやって調べたか」が重要である。しかし、単に「いつ」ということを述べるのにも、「年」、「月」、「日」を別の項目として述べるのか、「年」は西暦

にするのか、和暦にするのか、「年月日」とするのか、時間をどこまで詳しく述べるのか、「いつからいつまで」を述べるのか、地球上のどこの時間で述べるのか、などを決めておく必要がある。このような汎用性あるデータの形式が、Taxonomic Data Working Group（TDWG）によって提唱された「Darwin Core」（ダーウィンコア。DwC と略されることが多い）である。TDWG は現在では Biodiversity Information Standards と名前を変えている。しかし、あいかわらず TDWG で通用している[11]。わかりやすくいうと、生物多様性情報学上重要な、どんな項目を何と表記するか、そのデータ形式をどうするか、ということを決めたのである[12]。DwC は書誌事項に関するダブリンコアの拡張版として開発されており、いくつかの用語はダブリンコアと共通している。

　例えば、「2015年8月13日に山梨県南都留郡鳴沢村御中道　標高2269mで採集されたベニテングタケの国立科学博物館標本 TNS-F-74964」という標本は DwC では次のように記述される（後述する GBIF での実例は注13）参照）。

　　basisOfRecord：PRESERVED_SPECIMEN
　　collectionCode：F
　　institutionCode：TNS
　　catalogueNumber：74964
　　day：13
　　month：8
　　year：2015
　　genus：Amanita
　　specificEpithet：muscaria
　　scientificName：Amanita muscaria（L.）Lam.
　　taxonRank：species
　　vernacularName：ベニテングタケ
　　country：Japan
　　county：Minamitsuru

decimalLatitude：35.394083

decimalLongitude：138.732028

minimumElevationInMetres：2269

geodeticDatum：WGS84

higherGeography：Japan|Yamanashi|Minamitsuru|Ochudo

locality：Ochudo

　DwCは継続的に改良・更新されており、様々な生物・データに対応できるように、多数のデータ項目を持っている。その数はいまや190もあり、化石のデータにも対応できるようになっている [14),15)]。

　これだけ多数になると、自分が求める項目がどこにあるのか、簡単には探せないように思われる。そこで、DwCには「クラス」という、複数のデータ項目を大くくりにした概念があり、それから求める項目を探すことができる(表1)。

表1　クラスの一覧

名称	例
Event / HumanObservation / MachineObservation (データのもとになった事象(イベント)の区別)	イベント発生年、同月、同日、サンプル規模値、など
GeologicalContext (地質学的情報)	地質年代、地層名、など
Identification (同定に関する情報)	同定者、同定の確度、補足情報、など
Location (採集・目撃場所に関する情報)	大陸、国、地点、標高、緯度、経度、など
MaterialSample / LivingSpecimen / PreservedSpecimen / FossilSpecimen (物的証拠の区別に関する情報)	物的サンプル ID
MeasurementOrFact (測定か事実かの別)	測定 ID、測定者、単位、など
Occurrence (オカレンスに関する情報)	オカレンス ID、標本番号、性別、個体数、など
Organism (生物の属性に関する情報)	生物 ID、同定履歴、共在する生物
Record-level Terms (レコード管理に関する情報)	機関コード、データレコードの種類、ライセンス、言語、コレクション ID、データセット ID、など
ResourceRelationship (データソースに関する情報)	データソースの重複、関係が成立した年月日、など
Taxon (分類学的位置に関する情報)	学名、界〜種、著者名、タクソンランク、など

さらに、オカレンスの記述ばかりでなく、種の一覧表であるチェックリストや、生態学的な調査結果などを記述するために複数のDwCの項目からなる、コア(core)が定められており、それぞれオカレンスコア(occurrence core)、タクソンコア(taxon core)、サンプリング・イベント(sampling event core)と呼ばれている。これらを連携することによって、いろいろな種類の複雑な自然史情報を表現できる[16]。

4　共有の推進による大規模な活動

　ダーウィンコアのような共通フォーマットを用いることによって、標本情報・観察情報・調査結果などを集積して利用することが可能となる。そこで、次に必要なのは、実際にデータを集積し、利用可能とする仕組みである。このような目的のために設立されたのが地球規模生物多様性情報機構(Global Biodiversity Information Facility：GBIF。「ジービフ」と読む)。

　GBIFはOECDのグローバルサイエンスフォーラムの勧告によって2001年に設置された国際的機関であり、デンマークのコペンハーゲン大学の動物学博物館に事務局が置かれている。GBIFは、長期的には「生物多様性情報が、科学・社会・継続維持できる未来のために無償で普遍的に利用できる」ことを目標に、「生物多様性情報の全地球的なリソースとして最重要であり、人類と環境のための、スマートな問題解決を引き出すしくみ」となることをミッションとして生物多様性情報を収集・公開している機構である。一言で言えば、インターネットを通じて世界の生物多様性上情報を誰でも自由に見られる仕組みを作っている。2019年7月現在13億を超える生物多様性情報を世界中から集めており、ホームページ[17]から、これら全てのデータにアクセスできる。

　欧米が中心であり、アジアからのデータは全体の2%に過ぎない(図2)。しかし、日本のデータはアジアの約半数を占めており、主要な貢献国である[17]。

　GBIFにあるデータはGoogleのロボット式のデータ収集のように自動的

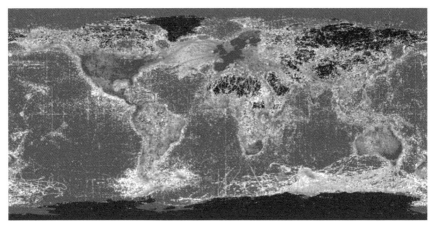

図2　GBIFにおけるデータ取得地の分布

に集められたものではない。GBIFは、参加者(国あるいは機関)によって運営
されており、データは参加者が収集し、参加者から提供されている。現在、
GBIFは世界58か国、38機関が参加する極めて大きな組織となっている[18]。

　日本は、2001年以来参加者としてGBIFの活動に加わっており、2019年7
月現在、783万件のオカレンスデータを提供しており、その7割が標本情報
である。

　日本では、GBIFへのデータ提供を最終的な目標として、100を超える機
関からデータ提供を受け、データをGBIFに提供するとともに、国内利用を
推進するため、国立科学博物館・国立遺伝学研究所・東京大学が中心となっ
た活動を行っている。国立科学博物館は地方博物館・大学・公立研究所など
からデータを収集し、これらをGBIFに提供するとともに、日本語情報を国
内利用するべく、サイエンスミュージアムネット[19]を運営し、標本情報を
公開している(図3)。東京大学は、文献情報などからデータを収集するとと
もに、国立科学博物館と同様に様々な研究機関から提供された観察情報を国
立遺伝学研究所を通じて提供している。

図3　サイエンスミュージアムネット。主に生物標本情報の国内利用を推進するために設けられた
サイト。オカレンスデータの地図表示や、ダウンロードもできる。左はトップページ、右は樹木の
一種「ヤチダモ」で検索したところ。

　GBIFのような公共機関や、学術雑誌のようなものにデータを公開し、公共のものとすることをデータ出版(data publication)という。GBIFを通じてデータを出版するためには、データはダーウィンコアアーカイブ(Darwin core archive(DwC-A))の形式である必要がある。多少専門的な話になるが、これは、(1)オカレンスなどの中心となるデータ(DwCの用語を用いて記述されたデータ。コアデータcore dataという)、(2)コアデータの説明となるメタデータmeta data(データの由来、調査・取得方法、カバーする地域、期間、データ管理責任者、など)をEML(Ecological metadata language)で記述したファイル、(3)コンピュータにデータファイルの使い方を指示するXMLファイルの、3種類のファイルをUTF-8形式でエンコードしてZip形式で圧縮したものである[20]。

5　蓄積されたデータを利用した実例

　GBIFやS-Netのようなオープンなサイトからデータが利用できるようになると、提供者が想定しなかったような様々な利用が可能にある。データと使用者の間で化学反応が起こるのである。

　その利用の可能性としては展示標本の探索、分類学、生物地理学、生態

学・進化及び遺伝学、種多様性と個体群、生活史とフェノロジー(季節変動)、絶滅危惧種、渡り鳥及び侵入種、気候変動の影響、環境地域化、保全計画、天然資源管理、農業・林業・漁業及び鉱業、健康と公安、生物探査、犯罪捜査、国境管理と野生生物取引、教育と一般市民へアウトリーチ活動、エコツーリズムとレクリエーション活動、社会と政治、人的インフラ計画など、枚挙にいとまがない。

特に最近増加しているのは、地球温暖化などを含む環境変動の研究や、侵略的外来種や伝染病などに関する研究である。GBIF は公開しているデータの利用例を追跡し、毎年 "Science Review" として出版している [21], [22]。これを参考に、最近の研究例をいくつか紹介しよう。

Boddy ら[23]は、ヨーロッパを中心とした博物館から、386種のきのこについて、最初に発生が確認された日と最後に発生が確認された日の変化を過去59年にわたって解析した。この目的のために数十万点の標本情報が利用されたという。これによって、南イングランドにおいて、最初に発生が確認された日が早くなり、最後に発生が確認された日が遅くなる傾向が認められたのである。実は、このような傾向は日本でも認識されており、きのこ愛好家の間では「圧縮された秋」と「延長された夏」が話題になることもしばしばである。この事実は過去の標本とその付帯情報(いつ、どこで採集されたか)を検討することによって、裏付けられたのである。

Varga ら[24]は、いわゆるきのこをつくる菌類の分布について検討した。GBIF から得たハラタケ亜綱の担子菌類の4,429種に関する5,884,445件のオカレンスデータを解析することによって、これらのきのこの種の多様性は温帯に偏っていることを示した。一般に生物の種の多様性は熱帯において高くなる傾向があるため、この結果は一見意外なものであり、標本の採集地によるバイアスの可能性がある。しかし、標本の採集地と個数とは異なる分布を示しており、これが標本の採集バイアスによるものでないことを示した。この研究は、菌類の分布が単純に気候だけによって決定されないことを示している。

蚊は様々な病原体を媒介する昆虫として知られており、マラリアがよく知られているが、この他にも様々な病原体の媒介が知られている。González-Salazar ら[25]は、37,297件のオカレンスデータをもとに、ジカ熱、デング熱、チクングニヤ熱の原因となるウイルスを媒介するカ(*Aedes aegypti*)に対する血液の供給者となる可能性のあるホスト哺乳類の分布を調べた。特に、コウモリ7種を含むトップ10に注目すると、そのうち2種はデング熱のホストとして既知、4種は原生動物のホストとしても知られていることがわかった。これらの結果は、ジカウイルスが自然界で維持されている機構を解明するのに結びつくものである。

伝染病は、その運び屋(ベクター)となる生物の分布に伴って急速に広がることが予想され、これが地球温暖化などの影響によって変化すれば、新しい場所での新興伝染病となる。Samy ら[26]は、西ナイルウイルスやセントルイス脳炎ウイルス、ジカウイルスなどのベクターとなる1,402種の生物のオカレンスデータをもとにして、イエカ(*Culex quinquefasciatus*)の現在及び未来の分布を検討した。現在、イエカの分布は低緯度地域を中心としている。しかし現時点でも北アメリカや西ヨーロッパに分布可能な地域が存在しており、将来はさらに南オーストラリアを含む南緯および北緯30度の地域が入ることが予測され、今後数十年での分布の変化が予想された。

マラリアは、蚊によって媒介される代表的な伝染病である。最近はかなり減少しているが、南アメリカの北部では、まだマラリア対策が十分でない。そこで、Alimi ら[27]は、南米のマラリアのベクターとなる3種(*Anopheles darling, A. albimanus, A. nuneztovari*)についてGBIFからの分布情報を含むデータをもとに、リスク評価マップを作成した。これにより、アマゾン盆地の広域な地域が中程度から高度のリスク地域と考えられることが判明し、公衆衛生を守るための情報として提供された。

ブタクサの仲間Ragweed(*Ambrosia* spp.)は、その花粉がアレルギー反応の一つである枯草熱の原因となる植物である。現在の主な分布は北米だが、将来、気候変動によって、ヨーロッパに広がる可能性がある。そこで、

Rasmussenら[28]は、10,539件のオカレンスデータを用いて、気候変動(IPCC, Intergovernmental Panel for Climate Changeによるシナリオを利用)によって3種のブタクサの将来の分布を予測した。その結果、ヨーロッパの広域に分布が広がる可能性が示唆され、2100年までにこれに伴う大幅な医療コストの増加が予想された。これを防ぐために、国を超えたマネジメントが必要であることを訴えた。

　シャーガス病は、原生動物の*Trypanosoma*によって引き起こされる、ラテンアメリカで最も重要な病気であるが、そのベクター(昆虫)とベクターのホスト(哺乳類)には多数の生物が知られており、その感染経路は非常に複雑であると予想されている。メキシコにおけるシャーガス病の伝染パターンを理解するために、Rengifo-Correaら[29]は9種の*Tripanosoma*類と396種の野生哺乳動物種についての47,942件のオカレンスデータをもとにして可能性がある関係ネットワーク図を作成し、潜在的なベクターと宿主を推定した。そして、ホストとなり得る哺乳類宿主のリストをまとめ、実際にそれらが重要なホストとなる可能性を確認した。この研究は単純な分布予測やリスト作成にとどまらず、生物相互関係を意識したネットワーク解析を取り入れた点に新しみがある。ネットワーク解析は社会科学ではよく知られた方法であり、これを生物学にも取り込んだ優れた例である。

　ヘンドラウイルス(Hendra virus)はオーストラリアで知られるようになった新興感染症の一つで、自然界での宿主はオオコウモリであるが、ウマを介してヒトにも感染する。最近の人類の活動(人口増加、開発による森林伐採など)によって、ホストの生息地は影響を受けており、その結果はこのウイルスが新しいホストに移行したりする感染リスクにも影響すると考えられる。そこで、Walshら[30]は、GBIFのデータを用いて、西オーストラリアにおける1970〜2000年のヒトの移住に伴う環境変化が1980〜2015年のコウモリの分布変化へどのように影響したかを評価した。その結果、1990年以降、コウモリは東海岸に沿って分布を南方に拡大していることが判明し、ヒトによってもたらされた環境変化が与える生物の分布と、それに伴う病原体の感染機会の拡大について警鐘を鳴らしている。

生物の分布予測においては様々なソフトが開発されており、既知の分布から、新たな分布予測ができるようになっている。理論的には1点の分布情報からでも分布予測はできる。しかし、元となるデータは、確実性を増すために多くあるに越したことはない。上記の例は、GBIFに蓄積された広範な生物のデータが、蓄積されることによって多数となり、世界中から収集・蓄積された情報が力を発揮することを示すよい例である。

6　連携が広げる応用

　GBIFは生物多様性情報ばかりでなく、それに関連した学名情報(例えばCatalogue of Life[31]：COL)、種の特徴に関する情報(例えばEncyclopedia of Life[32]：EOL)、生物相互関係についての情報(例えばGlobal Biotic Interactions[33]：GLOBI)、遺伝子情報に関する情報(例えばBarcode of Life[34]：BOLD)など様々な情報を扱う国際的な活動と連携を推進しており、世界中の生物多様性情報の重要なハブとしてさらに機能の拡充を指向している。

　このような目標を推進するため、2018年7月、デンマークのコペンハーゲンにおいて第二回生物多様性情報国際会議(Global Biodiversity Conference（GBIC2）)が開催された。この会議では、「透明性と信頼性を確保した国際的協力のメカニズムのありかた」、「連携の推進に向けて取りあげるべき重要トピックの選定」という二つの目的が提示され、今後の生物多様性情報学に関するステークホルダー間の連携の方向性、及び分野の発展において重要と考えられる項目が提示された(表2)。

　人類の存亡自体を支える生物多様性に関する理解や永続的利用を考えた場合、様々なデータを相互利用することができるような状況を作るのは極めて重要であり、今後のデジタルアーカイブの持つべき指標としても示唆に富んだものである。実際、標本を中心としたデジタルアーカイブばかりでなく、生態・分子など、幅広いデータを用いた生物多様性解析の潮流が今後盛んになると指摘されている[35],[36]。

表2　GBIC2において提案された生物多様性情報の連携に向けての提言（注37）を改変）

科学と証拠に基づく計画立案の支援

1. 生物多様性の知識および知見を提供する上で、研究において重要な要件を満たした形式であり、かつ社会の目指すゴールに対して生物多様性が正しく測定・評価できる形式であること。
2. 自然の体系の機能や状態に関する知見が得られる生物多様性情報科学の基礎研究の基盤を提供すること。
3. 現有の知識を保存し、それに基づいて改善することによって、生物多様性の知見をさらに広げるプラットフォームを提供すること。

オープンデータとオープンサイエンスのサポート

4. 生物多様性データの公開において、フリーでオープンなデータ共有に対する障壁を取り除き、FAIR原則[38]にしたがうこと。
5. すべてのデータリソースは、現在および将来の再利用のため、豊富なメタデータを伴って記述すること。
6. すべてのデータリソースは、安定して、永続的で、信頼できるリポジトリに必ず保管されるようにすること。
7. 関係した専門家や専門家のコミュニティが協同作業によるデータのキュレーション、アノーテーションおよび改善を行えるようにすること。
8. 専門的知識の提供に貢献したすべての人に対して、その貢献が完全に記録され、謝辞に述べられ、クレジットされるようにすること。
9. すべての情報のソースの出所と帰属が追跡可能であること。

高度に連結する生物多様性データのサポート

10. 博物館コレクションや文献など、歴史的なデータソースの構造化されたデジタル情報を利用できるように集約すること。
11. 新規の観察・測定情報は、取得後可能な限り早く、構造化されたデジタル情報としてアクセスできるようにすること。
12. 異なるクラスの生物多様性情報（分布・形質・遺伝子など）を全体に相互連結した形で組み合わせたり、検索したり、解析したりできるようにすること。
13. 他の研究コミュニティやインフラとの連携により、地球観測、社会科学的データ、その他のリソースとの相互運用性を実現すること。

国際的なコラボレーションのサポート

14. すべての地域とすべてのセクターで、生物多様性情報学に関する能力強化のニーズを解決すること。
15. 提供されている知識インフラのうち、コミュニティが不可欠な要素と

して認識するサービスおよびコンポーネントを維持するための資金を確保すること。

16. 前述の知識インフラを構成するすべてのコンポーネントをデザインし、構築し、維持する上で、柔軟かつ協働可能なアプローチを考案すること。

17. インフラ・ツール・サービスの進歩、事例の積み重ね、能力の向上がすべての国・地域の関係者に行き渡り、その利益を享受できること。

18. データをつくる段階から解析や応用に至る全工程で、すべての地域のすべての関係者グループが参加でき、協力し合えるようにすること。

19. すべての国・地域において科学および政策決定の土台となるデータのレパトリエーション(原産国にデータを受け渡すこと)が可能であること。

20. すべてのスケール(世界、地域、国、地方)でデータへの効果的なアクセスと利用が保証されること。

21. 国際的なソリューションにおいて不可欠で効果的な要素である地域・国・地方レベルでの投資に対して謝意と支持を表明すること。

22. 言語・文化の壁を超えてデータが共有や使用がなされること。

23. ABS(access and benefit sharing)に鑑み、国際的な合意の実行をサポートすること。

7   オープンであることが支える

　生物多様性情報の活用のためには、「データソースの収集」(標本情報や観察情報、文献情報など)、「デジタル化」(デジタル化、共通形式によるデータベース化)、「統合・集積」(適切なデータベースへのデータ収容)、「公開と利用・活用」という段階を経る。GBIFやS-Netのような情報集約機構ができたため、この大きな流れは定着しつつある。かつて賛否両論あったGBIFについての議論はほぼ終結し、GBIFは必要な仕組みとして定着し、データ利用例が増加している。しかし、世界的な視点では「データの利用・活用」が最も進んでいない分野である、といわれている。もっとデータを活用し、利用を増加させるためにはどうすればよいか。

　一つの答えは、用例を蓄積・共有し、有用性を示すことである。GBIFの「サイエンス・レポート」のように、用例の蓄積は重要である(日本でのデータ

活用事例は注39)参照)。また、大量のデータを扱うデータサイエンスの振興も必要となろう。

　一方、過去のデータを増やすことも必要である。デジタル化されていないために利用できないデータソースは、まだ国内外に散在しており、その探索と収集が急がれる。しかし、デジタル化には一定の努力が必要である。文字の入力や、紙媒体からの読み取りの変換は、一部自動化もされているが、手動でなされる過程もあるし、チェックも必要となる。とどのつまり、コストがかかる。自分がコストをかけて得たデータならば、「自分のものだ」と主張したくなるのは当然である。そこで、「オープンマインドでいこう」という精神的な基盤や文化が必要となる。

　生物多様性情報学で扱われるデータの多くは地名や種名など、創作とは関係ない「ファクト・データ」なので、著作権は発生しない。だから、いったん公表されたデータは本来誰かに利用されて当然なのである。実際、DNAシークエンスについては、データの公表が事実の再現性を求める上で必要とされ、データの共有・再利用も定着している。しかし、標本データの公開が進まないのはなぜだろう。通常、研究者は「論文」こそ(だけ)が、業績評価の対象となる。したがって、直接論文に結び付かない標本や観察データのまとめは、評価の対象外なので興味が持たれない、というのが理由の一つだろう。また、他人のため(だけ)にデータを提供することに抵抗感があるのも否めない。実際、以下のような主な要因が、共有を妨げるものとしてあげられている。

(1)　心理的・文化的要因：意思がない、統括体制が維持できない、データの価値に対する過小評価、データの窃盗感、プライバシーに関する懸念。
(2)　組織的要因：許可が得られない、ポリシーがない、データ共有についてのビジネスモデルがない。
(3)　能力的要因：知識・理解がない。
(4)　実際的要因：資金がない、インフラがない、人的資源がない、時間・計画がない40)。

　しかし、データのデジタル化に専門的知識が必要で、できたデータが自分

以外の人たちに有用であれば、そのことにも力を入れるべきではないか。そして、そのような努力も正当に評価されるべきである。共有された多くの知識が科学の発展に有効であることに疑いを持つ人は少ないだろう。これは世界的な潮流であり、国策としてのオープン・アクセスとも合致する。生物多様性情報学的な常識・基礎知識の普及や、オープンマインドな知識共有による、情報のリサイクルと拡大再生産が今後の生物多様性情報の利用には一層求められる。

注
1)　毎木調査は、与えられた場所におけるすべての樹木(実際には一定の太さをもった樹木に限ることが多い)の種類を同定する調査。生態学的調査の一つである。
2)　大澤剛士・和田岳(2016)「市民参加による広域を対象とした生物調査の可能性」『Bird Research』**12**, R1-R8.
3)　Tegelberg, R., Mononen, T. and Saarenmaa, H.（2014）High-performance digitization of natural history collections: Automated imaging lines for herbarium and insect specimens, *Taxon*, **63**, 1307-1313.
4)　Lehtonen, J., Heiska, S., Pajari, M., Tegelberg, R. and Saarenmaa, H.（2011）The process of digitising natural history collection specimens at digitarium, in Jones, M.B. and Gries, C. eds., *Proceedings of the Environmental Information Management Conference 2011*（*EIM 2011*）*. September 28-29, 2011. Santa Barbara, CA. University of California*, 87-91.
5)　Nelson, G. and Ellis, S.（2018）The impact of digitization and digital data mobilization on biodiversity research and outreach, *Biodiversity Information Science and Standards*, **2**, e28470.
6)　Sweeney, P. W., Starly, B., Morris, P. J., Xu, Y., Jones, A., Radhakrishnan, S., Grassa, C. J. and Davis, C. C.（2018）Large-scale digitization of herbarium specimens: Development and usage of an automated, high-throughput conveyor system, *Taxon*, **67**, 168-178.
7)　https://www.idigbio.org/(最終アクセス：2020年3月10日)
8)　https://dissco.eu/(最終アクセス：2020年3月10日)
9)　http://www.nsii.org.cn/2017/home-en.php(最終アクセス：2020年3月10日)
10)　Takano, A., Horiuchi, Y., Fujimoto, Y., Aoki, K., Mitsuhashi, H. and Takahashi, A.（2019）

Simple but long-lasting: A specimen imaging method applicable for small- and medium-sized herbaria, *PhytoKeys*, **118**, 1-14.

11）https://www.tdwg.org/（最終アクセス：2020年3月10日）

12）Wieczorek, J., Bloom, D., Guralnick, R., Blum, S., Döring, M., Giovanni, R., Robertson, T. and Vieglais, D.（2012）Darwin Core: An evolving community-developed biodiversity data standard, *PLoS ONE*, **7**, e29715.

13）https://www.gbif.org/occurrence/1946420878（最終アクセス：2020年3月10日）

14）http://www.gbif.jp/v2/datause/data_format/index.html（最終アクセス：2020年3月10日）

15）http://www.gbif.jp/v2/pdf/2403ja.pdf（最終アクセス：2020年3月10日）

16）大澤剛士・戸津久美(2017)「生物多様性情報の標準データフォーマット Darwin Core Archive と生態学データに適合させる拡張形式 "Sample-based Data"」『保全生態学研究』22, 371–381.

17）https://www.gbif.org/（最終アクセス：2020年3月10日）

18）細矢剛(2016)「地球規模生物多様性情報機構GBIFの働きと役割」『日本生態学雑誌』**66**, 209–214.

19）http://science-net.kahaku.go.jp/（最終アクセス：2020年3月10日）

20）http://rs.tdwg.org/dwc/terms/guides/text/index.htm（最終アクセス：2020年3月10日）

21）GBIF Secretariat.（2017）Science Review 2017（gbif.org/science-review-sourcebook-2017）（最終アクセス：2019年6月2日）

22）GBIF Secretariat.（2018）GBIF Science Review 2018（https://doi.org/10.15468/VA9B-3048）（最終アクセス：2019年6月2日）

23）Boddy, L., Büntgen, U., Egli, S., Gange, A. C., Heegaard, E., Kirk, P. M., Mohammad, A. and Kauserud, H.（2014）Climate variation effects on fungal fruiting, *Fungal Ecology*, **10**, 20-33.

24）Varga, T., Krizsán, K., Földi, C., Dima, B., Sánchez-García, M., Sánchez-Ramírez, S., Szöllősi, G. J., Szarkándi, J. G., Papp, V., Albert, L., Andreopoulos, W., Angelini, C., Antonín, V., Barry, K. W., Bougher, N. L., Buchanan, P., Buyck, B., Bense, V., Catcheside, P., Chovatia, M., Cooper, J., Dämon, W., Desjardin, D., Finy, P., Geml, J., Haridas, S., Hughes, K., Justo, A., Karasiński, D., Kautmanova, I., Sándor Kocsubé, S., Kotiranta, H., LaButti, K. M., Lechner, B. E., Liimatainen, K., Lipzen, A., Lukács, Z., Mihaltcheva, S., Morgado, L. N., Niskanen, T., Noordeloos, M. E., Ohm, R. A., Ortiz-Santana, B., Ovrebo, C., Rácz, N., Riley, R., Savchenko, A., Shiryaev, A., Soop, K., Spirin, V., Szebenyi, C., Tomšovský, M.,

Tulloss, R. E., Uehling, J., Grigoriev, I. V., Vágvölgyi, C., Papp, T., Martin, F. M., Miettinen, O., Hibbett, D. S. and Nagy, L. G.（2019）Megaphylogeny resolves global patterns of mushroom evolution, *Nature Ecology & Evolution*, **3**, 668-678.

25）González-Salazar, C., Stephens, C. R. and Sánchez-Cordero, V.（2017）Predicting the potential role of non-human hosts in Zika virus maintenance, *EcoHealth*, **14**, 2017, 171-177.

26）Samy, A. M., Elaagip, A. H., Kenawy, M. A., Ayres, C. F. J., Peterson, A. T. and Soliman, D. E.（2016）Climate change influences on the global potential distribution of the mosquito culex quinquefasciatus, vector of West Nile virus and lymphatic filariasis, *PLoS ONE*, **11**, e0163863.

27）Alimi, T. O., Fuller, D. O., Herrera, S. V., Arevalo-Herrera, M., Quinones, M. L., Stoler, J. B. and Beier, J. C.（2016）A multi-criteria decision analysis approach to assessing malaria risk in northern South America, *BMC Public Health*, **16**, 221.

28）Rasmussen, K., Thyrring, J., Mucarella, R. and Borchsenius, F.（2017）Climate-change-induced range shifts of three allergenic ragweeds（Ambrosia L.）in Europe and their potential impact on human health, *PeerJ*, **5**, e3104.

29）Rengifo-Correa, L., Stephens, C. R., Morrone, J. J., Téllez-Rendón, J. L., and González-Salazar, C.（2017）Understanding transmissibility patterns of Chagas disease through complex vector-host networks, *Parasitlogy*, **144**, 760-772.

30）Walsh, M. G., Wiethoelter, A. and Haseeb, M. A.（2017）The impact of human population pressure on flying fox niches and the potential consequences for Hendra virus spillover, *Scientific Reports*, **7**, 8826-2238.

31）https://www.catalogueoflife.org/（最終アクセス：2020年3月10日）

32）https://eol.org/（最終アクセス：2020年3月10日）

33）https://www.globalbioticinteractions.org/（最終アクセス：2020年3月10日）

34）http://www.boldsystems.org/（最終アクセス：2020年3月10日）

35）Shimada, M. K.（2012）Survival for all: Let's share benefits and hardships, *International Journal of Evolution*, **1**, 1-2.

36）La Salle, J., Williams, K. J. and Moritz, C.（2018）Biodiversity analysis in the digital era, *Philosophical Transactions of the Royal Society B*, **371**, 20150337.

37）大澤剛士・細矢剛・戸津久美子(2019)「生物多様性情報学の今後を見通——Global Biodiversity informatics Conference2（GBIC2)参加報告」「日本生態学会誌」**69**, 119–125.

38） Wilkinson, M. D., Dumontier, M., Aalbersberg, I. J., Appleton, G., Axton, M., Baak, A., Blomberg, N., Boiten, J-W., da Silva Santos, L. B., Bourne, P. E., Bouwman, J., Brookes, A. J., Clark, T., Crosas, M., Dillo, I., Dumon, O., Edmunds, S., Evelo, C. T., Finkers, R., Gonzalez-Beltran, A., Gray, A. J. G., Groth, P., Goble, C., Grethe, J. S., Heringa, J., Hoen, P. A. C., Hooft, R., Kuhn, T., Kok, R., Kok, J., Lusher, S. J., Martone, M. E., Mons, A., Packer, A. L., Persson, B., Rocca-Serra, P., Roos, M., van Schaik, R., Sansone, S-A., Schultes, E., Sengstag, T., Slater, T., Strawn, G., Swertz, M. A., Thompson, M., van der Lei, J., van Mulligen, E., Velterop, J., Waagmeester, A., Wittenburg, P., Wolstencroft, K., Zhao, J. and Mons, B.（2016）The FAIR guiding principles for scientific data management and stewardship, *Scientific Data*, **3**.（https://www.nature.com/articles/sdata201618）（最終アクセス：2020年3月10日）

39） http://science-net.kahaku.go.jp/app/page/activity.html（最終アクセス：2020年3月10日）

40） 中江雅典・細矢剛(2019)「日本国内における自然史標本資料の電子化状況アンケート調査結果」『デジタルアーカイブ学会誌』**3**, 345–349.

第6章

環境学×教育

森の感性情報アーカイブ・サイバーフォレストを用いた環境教育

中村和彦

1　はじめに

　本章では、サイバーフォレストという概念枠組みに基づいて構築されつつある、環境と教育のためのデジタルアーカイブについて、その背景と歴史、技術的展開と活用について述べる。そのことを通して、デジタルで記録された情報と、実際の自然を行き来することの可能性について、現状と課題を述べていく。

2　環境学におけるデジタル時代の自然観察

　かつて、人類の暮らしは、自然と共にあった。いや、自然に生かされていた、と表現したほうが、あるいは適切かもしれない。そんな人類は古来、自然を注意深く観察してきた。それは次第に、自然の現象に法則を見出すことに繋がり、それを技術によって制御しようと試みるようになった。それは実際に、かなりの部分で成功したかに見え、自然ではなく技術に生かされる人々が増えた。そして人類は、自然を観察しなくなっていった。

　しかし現代に至り、人類は必ずしも、技術によって自然現象を全ては制御できないことに気づいた。それは特に、いわゆる環境問題や自然災害などの形で、我々は目のあたりにすることとなった。やはり自然に目を向けなけれ

ばならないが、しかしこれまで積み上げてきた技術を全て捨てることもまた、難しいだろう。

　環境学は、こうした人類をとりまく自然と、そして自然だけでなく人間社会とを、総体的に扱い、我々が今後どこで、どのように生きるべきかを問う学問である。自然と人間社会とを総体的に扱うということは、自然と技術は必ずしも従来のように対立的に扱われるとは限らない。本章では、環境学の立場から、自然を観察するための技術としての、デジタルアーカイブの意義について考えていきたい。

　時は19世紀、アメリカ合衆国では技術の発展とともに領土の拡大が進んでいた。そんな最中の1845年7月、ボストンの北西30キロほど、マサチューセッツ州コンコードの森で、一人の男が池のほとりに小さな丸太小屋を建てて暮らしはじめた。知る人ぞ知る、ヘンリー・デイヴィッド・ソロー（H. D. Thoreau）その人である。ソローは、工業化による経済発展の波がマサチューセッツ州を席巻することに反旗を翻すかのごとく、森の中で自然と自由を享受し多くを望まない暮らしを送り、その顛末を、池の名前にちなんだ "Walden" と題する書籍に綴った。その筆致は、かつて人類が自然に生かされ、自然を注意深く観察することで生き延びてきたことを、実感するに十分たるものである。

　ソローは、当該著書の中で、自然をはじめとする身の回りの物や出来事に直接目を向けることを奨励している。その一節を以下に引用する。

　　文字ばかりを読んでいては、世界のあらゆる物と出来事が、隠喩によらず、じかに私たちに語りかける言葉であることを忘れる恐れがあります。物と出来事こそが最高に豊かな言葉であって、私達の標準語です。これらの言葉は、どこにでも溢れているものの、書き言葉のようには印刷されません。[1]

ここで直接的な観察と対比的な技術として扱われるのが、文字であり、書

き言葉であり、印刷である。ソローの時代には、物と出来事をそのまま記録する技術は普及していなかった。その最たる例が、録音である。かのエジソン（T. A. Edison）が世界初の録音装置を世に出したのは、ソローの森の生活から30年以上も経った1877年のことである。その後の、録音技術の進化の目覚ましさは言うまでもなく、さらにデジタル技術と融合して、もはや今は誰もが「録音を持ち運ぶ」時代になった。ここに至っては、先に引用したソローの一節も、再考の余地があるだろう。

　2019年8月18日。本章の筆者は、長野県北部の志賀高原にある、とあるホテルの一室で、この原稿を書いていた。標高は、およそ1,500メートル。日中も冷房を使わず快適に過ごせる環境であった。朝は、繁殖期を過ぎた鳥たちの慎ましやかなさえずりのみが、清々しくも穏やかな雰囲気を創りだした。夏の盛りだが、セミたちの「出勤時間」はだいぶ遅く、午前11時を過ぎたあたりでようやく、ポツポツと鳴き声が聞こえてきた。夕刻、セミが「退勤」し、連休最終日で観光客も引き上げると、闇に包まれた静寂の向こうから、かすかにカエルの鳴き声が響いてきた。

　以上の記述は、ネイチャーライティングの父とも称されるソローのそれと並べるには、あまりに稚拙なものである。しかし、それでも恥を忍んで筆者がこれを記したのは、この内容をより直感的に読者へ伝える方法が別にあることを、続けて述べたかったからである。その方法とは言うまでもなく、録音である。ただし、この日にただ思いつきで、単発の録音をしたのではない。その録音とは、筆者が参画するサイバーフォレスト研究プロジェクトで、2012年2月から毎日常時継続されている録音アーカイブである。そのアーカイブには、2019年8月現在、Webアクセスすることができる[2]。是非、その中の「20190818」ディレクトリ内のファイルをダウンロードし、筆者が原稿を書いていた自然環境を、録音で味わっていただきたい。

3　サイバーフォレスト——森の感性情報アーカイブ

　サイバーフォレストは、同研究プロジェクトメンバーの一人である藤原章雄[3]によって提唱された概念的枠組みで、現地にいる人と同じように遠隔地にいる人も現地の情報を得られる、インターネット上の仮想的森林である。そのためには、現地で人の五感によってとらえられる感性情報が不可欠となる。感性情報とは、例えば画像や音といった、人が直感的に把握できる方法で記録された情報である。前節で紹介した録音は、この感性情報アーカイブの構成要素である。

　2019年8月現在、サイバーフォレストの概念的枠組みのもとで、実際に運用されているのは、画像と音のアーカイブのみである。現地で得られる情報を遠隔地からでも得られる、という概念を達成するには程遠いものではあるが、そのはじめの一歩として、長期的な運用を前提としたメンテナンスを継続している。サイバーフォレストにおける遠隔地とは、空間軸のみならず時間軸も含んでいるからである。

　画像と音のアーカイブは現在でこそ、全国数か所で行われるに至っているが、最初は、東京大学大学院農学生命科学研究科附属演習林の秩父演習林にて、1995年から画像(動画)の記録を、1998年から音の記録を開始し、現在まで20年以上にわたり継続している。これがサイバーフォレストの原点ともいうべきアーカイブである。秩父演習林は、当然ながら人は居住していないため、商用電源が確保できない。このような、本当に「自然」といえる森の感性情報アーカイブを扱うことが、サイバーフォレストの真髄であり、だからこそ自然観察のための技術としての意義を問えるものと考えている。

　とはいえ、商用電源のない森で画像と音を記録し続ける、その過酷さ、困難さを、どこまで想像いただけるだろうか。

　当初の画像のみの記録は、カメラの脇にガソリン発電機を設置し、概念提唱者の藤原が自ら毎日、現地に赴き発電機を回して撮影を行ったのがはじまりである。さすがにこれを長期間にわたり継続することは難しいため、発電

機を毎日定時に起動・停止するよう改良し、無人での自動撮影がはじまった。しかし、燃料と録画テープの容量のため、1日に午前11時30分頃から約30分間のみの記録とし、その上で、隔週で現地に赴き燃料補給とテープ交換を行う必要があった。

　次に録音を開始するにあたっては、発電機のエンジン音が問題となった。解決方法として、単純に、音が届かないよう200メートル以上離れた地点に発電機を移設し、電線を引き回した。現場は20度から30度を超えるような急傾斜地が多い上に、工事のノウハウもなかったため、作業は困難を極めた。配線用の電線管を取り寄せたはよいものの、通線方法がわからず、カッターで管を切り開いて電線を入れていったという、今となっては笑い話のような逸話も伝わっている。

　ともあれ、ひとまずこれで画像と音の記録が続けられた。しかし、隔週で現地に赴く以外は記録の状況を把握できなかったため、ちょっとしたメンテナンス作業のミスだけで2週間程度の記録が途絶えるようなことも、たびたび発生してしまっていた。

　次なる大きな課題は、インターネット回線の確保であった。秩父演習林のアーカイブ地点に、最初にインターネット回線が導入されたのは、記録開始から10年ほど経った、2007年10月のことである。携帯電話回線を用いた上り64Kbpsの回線で、解像度QVGA（320×240ピクセル）の極めて低品質の映像がわずか10秒ほど、しかし即日に大学内のサーバーに届けられた。ちょうど紅葉シーズンで、低画質ながら木々が日々、葉の色を変え、そして葉を落としていく様子が、大学のキャンパスという遠隔地からでもしっかり把握できた。

　この時期には、ソーラーパネルの導入による電源確保の改良にも着手した。その上で、2010年には現地に衛星インターネット回線用のパラボラアンテナを設置し、上り2Mbpsのブロードバンド回線を導入した。これに合わせて、デジタル一眼レフカメラを用いた高画質写真撮影を導入するとともに、音のストリーミング配信も開始した。現在は、画像はファイルを即時伝送し、音はストリーミングをサーバー側で録音しているため、現地に記録媒

体を置く必要がなく、無電源地における無人での継続的な感性情報記録が実現している。

　こうして20年以上にわたり秩父演習林で培われてきたノウハウを活かし、2011年頃から記録地点の拡大をはじめ、2019年8月現在、東京大学北海道演習林(富良野市)、東京大学富士癒しの森研究所(山中湖村)、信州大学志賀自然教育園(山ノ内町)、三陸復興国立公園船越大島(山田町)の4か所でも画像と音のアーカイブを行っている。前節で紹介した志賀高原の録音は、このうちの志賀自然教育園のものである。

4　遠隔地における自然観察とフェノロジー

　ここで、筆者自身が実践した、サイバーフォレストの画像と音を活用した、遠隔地における自然観察について述べたい。具体的には、前節で紹介した、東京大学秩父演習林へ最初にインターネットが導入されて届くようになった、極めて低画質な音声付き映像の観察で、2007年10月19日から2009年12月2日までの2年余りにわたって、基本的に当日の映像を当日のうちに観察した。観察して気づいたことは都度、ブログに記述して当該映像とともに公開した。

　この観察をはじめてすぐに、映像で自然を観察することは、おそらく多くの人にとって極めて退屈であろうことに気づいた。天気が変わる時は、まだ良い。穏やかな晴れの日が数日続くと、まるで秩父演習林では時が止まっているかのような錯覚に陥るほどであった。それでも筆者は、現地の記録システムにトラブルがないかを確認するという当事者意識に助けられながら、2年と少しの間——ソローが森で生活したのとほぼ同じ期間——観察を続けることができた。

　筆者が映像で森の観察を続ける中で、特に気になった現象が一つあった。それは、季節の移ろいとともに変わる、生物の行動の様子である。生物とは動物だけでなく、植物も含めてのことである。

　最初に観察できたのは、前述のとおり、植物の紅葉と落葉である。それま

で筆者は、植物は秋になると紅葉を経て落葉する、と漠然ととらえていたが、毎日観察すると、それはもっと細やかで複雑なものであった。例えば、クリの木は必ず、他の木よりも遅れて紅葉し、遅れて葉を落とす。後に、春に葉を出すのも同じく遅いことを確認した。おそらく、クリという種の生存戦略の一つなのであろう。また、2年間観察したことで、それぞれの年の同じ木の紅葉のタイミングが違い、色の付き方も微妙に違うことに気づいた。

　落葉を経て訪れた森の冬は、本当に静かだった。どんなに耳を凝らしても、何も聞こえない日々が続いた。まさに静寂。冬の森は、動物たちが冬眠するなどして余計な行動を控え、じっと春を待つ。知識としては持っていたが、それが自分の観察と有機的に結びついた体験だった。

　そんな静かな冬も毎日毎日、観察を続けたからこそ、春を告げるウグイスのさえずりを聞いた時の喜びと興奮は、格別なものであった。その後、植物たちも花を咲かせ、葉を出しはじめた。中でも、サクラが山肌に点々と咲き乱れるさまは、映像ではただの白い塊にしか見えないものの、現地での風景を心のなかで補完しながら映像を見ていた筆者に、真に鮮烈な印象を与えた。

　夏になると、緑深くなった木々を背景に、セミが元気よく鳴く映像が続き、再び変化に乏しい日々となった。しかし、筆者はこれまでの経験から、それを退屈とは感じず、細かな変化も見逃すまいと、むしろ前向きな気持ちであった。実際によく見ていると、例えばエゾハルゼミというセミはたまに鳴いていない日があり、その日は天気が悪いことが多かった。筆者はそれまで、セミはいったん鳴きはじめたらある日までは毎日必ず鳴くものだと思っていたが、気温が低い日は鳴かないこともあると気づいた。

　こうして筆者は、映像を通して森を日々つぶさに観察し続けた。この体験を通して、秩父演習林をより身近に感じるようになり、離れながらにして自分の場所であるとも感じるようになった。当初から意図していたわけではないが、結果的には毎日観察を続けたからこそ、このような感覚を得るに至ったようである。先に紹介したソローの"Walden"の訳者でもある今泉吉晴は、自身も山梨県や岩手県の森の中で山小屋暮らしを送り、その経験から得たも

のとして次のように述べている。

　　わたしたちは毎日見る、という行為によってのみ自然と親しくなれま
　　す。それに、意外な生きものと出会った偶然を大切にして、一部始終を
　　見守ることです。そうすれば、いつかは自然のつながりを言葉にでき
　　る、と信じることができます。[4)]

　今泉は、あくまで現地での直接的なものを前提としてこれを書いたのであ
ろう。筆者は遠隔からの映像を通してであったが、しかしそれでも、毎日、
森の生きものの一部始終を見守ることで、秩父演習林の自然とのつながりを
少しだけ言葉にできるようになったと感じている。
　ところで、このような生物の季節現象を扱うことは、情緒的な側面にと
どまらず、学問としても存在し、その名を「フェノロジー（Phenology）」という。
この言葉は学問領域だけでなく、生物の季節現象そのものを指す言葉として
も用いられる。近年は特に、気候変動が生物に及ぼす影響の指標の一つと
して着目されるようになり、映像を用いた観測の技術開発も進んでいる。例え
ば、リチャードソン（A. D. Richardson）[5)]は、画像のRGB値を用いて算出される
「2G - (R + B)」の値が植物の葉量をよく近似できることを示し、その後に世界
中の様々な画像アーカイブに適用可能な汎用的観測手法として普及している。
　しかし、筆者の立場からは、せっかく画像という感性情報のアーカイブが
ありながら、それを自動的に人が見ることなく数値化されてしまうことの主
流化に、いくばくかの疑問を抱いた。人が見て森とわかる画像があるのだか
ら、その画像そのものを観察する機会を作り、筆者がしてきたように、少し
でも自然とのつながりを紡ぎ出してもらいたいと考えた。
　実際に、秩父演習林のサクラの開花であれば、例えば中学生でも2日程度
の誤差で「満開日」を画像（図1）の観察から決定できる[6)]。さらに、この満開
日は各年の2〜4月の3か月平均気温と強い相関があり[6)]、気候変動が及ぼす
影響の指標としても用いることができる。これまでの画像アーカイブからは、

図1　秩父演習林の画像を用いたサクラ開花観察の例。各日の画像の上部に横長の白い花が観察できる。4月28日は天気が悪く視界不良だが、おおむね4月27日から29日にかけて満開となっていることが観察できる。

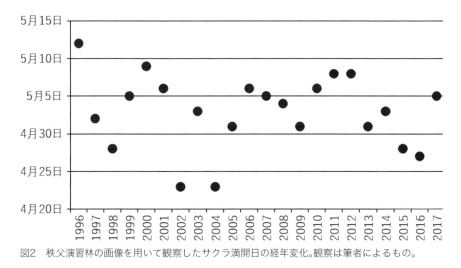

図2　秩父演習林の画像を用いて観察したサクラ満開日の経年変化。観察は筆者によるもの。

必ずしも開花の早期化など経年変化の明確な傾向は確認できないが(図2)、画像記録が続くことで今後より明確な影響が把握されるに至るかもしれない。

5　サイバーフォレストを教育の現場へ

　たとえ、実物でなくとも、直感的に自然の様子を観察できる感性情報のアーカイブがあるのだから、せめて子どもたちにだけでも、画像と音そのものを観察してもらいたいと考えていた。そんな矢先に、山梨県甲斐市の小学

校で、5年生の総合的な学習の時間にサイバーフォレストの感性情報アーカイブを用いるというプロジェクトの話が、筆者らのもとへ舞い込んできた。これ幸いと、授業を担当する小学校教員の先生方にアーカイブを確認してもらうべく、秩父演習林の1年間を1日5秒ずつ切り出した計30分間の映像をDVDに焼いて送付した。

　このDVDを見た小学校の先生方は、途方に暮れ、頭を抱えたという。今になって振り返ってみれば当然の話であるが、前節でも述べたとおり、森の1年間は基本的に変化に乏しく、ましてや小学生にとっては、30分間淡々と流れていく森の映像は明らかに退屈なコンテンツだったのである。小学校教員という教育実践の専門家から、改めてこのことが指摘されたことになる。先生方からは、次の二つの具体的な映像教材の要望が出された。一つは春夏秋冬の特徴的な日々を2分間で見る映像。もう一つは、1年間の森の変化を1分程度にまとめた映像である。いずれも1〜2分という短い時間で、ポイントを絞って子どもたちに提示することを意図したものだった。

　後者の映像教材は、当初の1日5秒・計30分映像を大幅に短縮すればよく、すぐに制作することができたが、前者の2分間の教材は、さらに検討を要した。試作映像として、春夏秋冬から3日ずつピックアップして10秒ずつ順番に再生する映像を制作したが、この試作品には画面左上に各映像に対応した「春」、「夏」、「秋」、「冬」の文字を入れていた。しかし、小学校の先生方は、映像からどの季節かを子どもたちに読み取らせたいので、この文字は不要であると判断し、最終的に一切の文字情報が含まれない春夏秋冬2分間の映像教材となった。この映像はYouTube[7]で公開しているため、是非ご覧いただきたい。

　この四季の映像教材に関する小学校教員との協議過程から、筆者らは改めて、環境教育というものの特徴や特殊性を実感することとなった。それは、環境教育の第一段階とされる「気づき」の重視である。例えば、トビリシ勧告(1977年)では、環境教育の目標をAwareness、Knowledge、Attitudes、Skills、Participationの5段階に整理しており、これは現在でも環境教育の国際的な枠

組みとして位置づけられているが、この第一の目標Awarenessが「気づき」に相当するものである。

　こうして環境教育への活用に足がかりを得た筆者らは、その後に小学校から大学に至るまで、複数回の様々な教育実践を重ねた。そこから見えてきたのは、教材における時間軸の扱いの難しさである。

　神奈川県秦野市の小学校では、6年生の理科「生物と環境」の単元の授業で、サクラの開花時期の違いと地球温暖化との関係について扱った。その際に用いた教材は、2000年と2004年の二つの年を比較して、サクラの開花時期の違いが観察できるものとした。しかし、この2か年の開花時期は2004年のほうが早かったため、この4年間で温暖化が進んだという誤解を子どもたちに与えることに繋がってしまった。もちろん、授業を担当した教員は、温暖化の影響を把握するにはもっと長い観察が必要ということは説明し、それを適切に理解した子どもたちもいたが、誤解をしていることが読み取れる感想文が複数あり、対策を講じる必要が見出された。

　誤解を避けるためには、ある程度長い年数を自分自身で観察することが望ましいと考えたが、小学生にはやや困難と考え、中学校での実践を試みた。ただし、中学校のカリキュラムは小学校以上に過密であり、通常こういった新たな取り組みに使えるのは、せいぜい、総合的な学習の時間の1コマ（50分）である。したがって、短時間のうちに効率よく観察が行える必要がある。そこで、秩父演習林の1996年から2017年までのサクラの開花が観察できる4月16日から5月15日までの各年の画像[8]をA3用紙に印刷して配布し、生徒が各年の満開日と判断した日に丸いシールを貼ってもらった（図3）。この観察作業は中学3年生であれば10〜15分程度でほぼ完了することができ、完了後はシールをそのままグラフのプロットに見立てて年々の変化を追うことができる。これで前述の誤解をほぼ解消しつつ、中学校の過密カリキュラムの中でも実施可能な教材となった[6]。

　小学校での長い年数の観察の可能性はまだ検討段階ではあるが、実践例としては、同様の観察用紙[8]をB0サイズの大判用紙に印刷して、サクラ満開

日などの具体的な観察方法を特に指定せず、複数人で用紙を囲んで自由に観察する方法(図4)に可能性を感じている。この時実際に児童たちは、サクラの開花だけでなく葉の展葉や積雪など、いろいろな現象に気づいていた。やはり、小学生段階の環境教育としては、当初に小学校教員らが示唆したとおりAwareness(気づき)の段階を軸に据えた教材の活用を中心に検討すべきなのであろう。

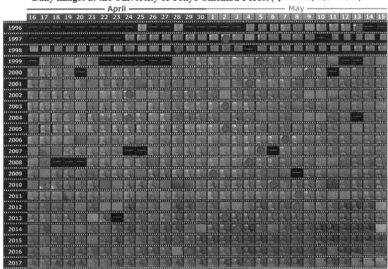

図3　中学校におけるサクラ満開日観察の例。生徒たちは自身が満開日と判断した日に丸いシールを貼っていく。

6　サイバーフォレストの自然体験との接続

　学校教育の現場での実践を積み重ね、ある程度は環境教育における意義付けに手応えが得られてきたため、2010年頃から日本環境教育学会での成果報告をはじめた。そこで環境教育学の専門家たちから返ってきた反応は、直

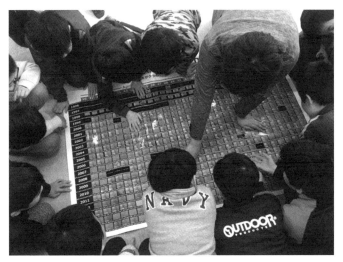

図4　秩父演習林の1996年から2017年の年々の画像をB0サイズに印刷し
　　たものを、小学生が教員とともに自由に観察している。

接の自然体験を欠いた教育実践に対する疑念であった。実際に、特に小学校
における環境教育では、体験の重視、身近な問題の重視が強調されており、
そこからつながる形での地球規模の環境問題など総合的な把握の必要性が示
されている[9]。

　ここで筆者は、自分自身が2年間毎日、秩父演習林の映像を見続けたこと
を、改めて振り返った。秩父演習林は、自分が体験したことのある、身近な
場所だったからこそ、映像の向こうに広がる風景を経験による想像で補いな
がら、強い興味と関心を持って日々の映像観察が行えたのであった。そこで、
これと同じプロセスを子どもたちにも経験してもらうこと、つまりサイバー
フォレストの撮影現場における自然体験と組み合わせた学習プログラムを開
発することが、先の疑念に最も直接的に応えることになると考え、その可能
性を探った。

　その嚆矢となったのが、サイバーフォレスト地点の一つである信州大学志
賀自然教育園の付近で自然体験活動を行った中学生に対して、その定点連続

写真・録音を提示する機会を得たことである。その際、生物季節現象の観察を行う前に、生徒が自然体験活動中に録音地点の付近を通過した際の録音を聞かせた。すると、実際にこの録音に自分たちの声が聴こえることを単に面白がった生徒が多かったが、中には次のような感想を記した生徒もいた。

> あまり、音を意識してなかったけど、言われてみれば水の音や、鳥の声が聞こえていました。今度はもっと森の音に耳を傾けてみたいです。
> 実際に音を聞くと鳥の鳴き声や虫の音がたくさんあるんだな〜と思いました。昼食の時もしゃべっていて聞こえなかったけど、色々な虫の鳴き声が聞こえていたんだなとわかりました。
> 山で聞こえている音は実際私達が聞いている音より大きく、色々な音がきこえているんだなあ、と思いました。つまり、私達はかなりうるさい音をたてている、と感じました。

　さて、これらの生徒は、録音から何を得たのだろうか。マイクを通して録音された音は、生徒が現地で聴覚を通して受け取った音とは、本質的には異なるものである。それは、自分が現地にいるときに聞けるはずだった音を当人の聴覚に沿って忠実に再現したものではなく、自分がいた時の自分の声も含めた現地の音環境を客観的に記録したものである。つまり、録音がもたらすものとは、その時のその場に戻ってもう一度聞くという再体験ではなく、その時その場で確かに鳴っていた音を自分の声も含めて改めて確認するという「振り返り」である。

　「振り返り」自体は、教育現場ではごく一般的に行われることである。その体系は、デューイ（J. Dewey）のReflection（省察）論に端を発するものであり、それを継承した様々な解釈のもと現場に適用されている[10]。録音を聞いた生徒らの振り返りは、自分自身の自然体験において現地でとらえきれなかった現象や出来事を補完し、自然体験そのものをより豊かにすることにつながると考えられる。

そこで、筆者はこの録音による振り返り学習を、自然体験の省察的補完と称し、そのプロセスを実証すべく、さらなる実践を重ねている。2019年8月現在で成果が得られているものとしては、サイバーフォレスト地点の一つである東京大学富士癒しの森研究所で自然体験活動を行った小学校5年生に対し、その1か月後に体験時の録音を聞かせた結果、上述の中学生と同じような省察的な感想文を記した児童を複数確認できた。録音による自然体験の省察的補完は、小学校5年生でも可能であり、さらに体験直後でなく1か月後でも可能であった。

　自然体験の省察的補完は、自然体験の典型的形式である集団トレッキング及び集団フィールドワークの弱点を補うという点で、とりわけ重要な役割を果たせると考えられる。人間の五感は第一に歩く際の安全を確保するために使われ、特に聴覚については、同行者との会話や危険の察知に向けられることが多くなり、活動中に自然の音へ意識を向けることは難しくなる。少なくとも音であれば、サイバーフォレストのマイクは常に環境音を捉えているので、現地を離れた後でも、時間を遡って体験時の音を振り返る機会が得られるのである。

7　サイバーフォレストを学校から地域へ

　これまで述べてきた実践は、基本的に学校における適用例だったが、環境教育の対象は学校教育だけではない。代表的なものとして、「環境教育等による環境保全の取組の促進に関する法律」(略称：環境教育促進法)では、環境教育が次のように定義されている。

　　「環境教育」とは、持続可能な社会の構築を目指して、家庭、学校、職場、地域その他のあらゆる場において、環境と社会、経済及び文化とのつながりその他環境の保全についての理解を深めるために行われる環境の保全に関する教育及び学習をいう。

ここでは、学校教育の枠を超えた感性情報アーカイブの活用事例を二つ紹介する。これらの事例ではいずれも、従来のサイバーフォレストによる長期間の感性情報アーカイブに限らず、必要に応じて自動撮影カメラを当該地域に追加設置した。乾電池で稼働するインターバル撮影カメラや赤外線センサーカメラなどであれば、市販品が数万円程度で入手可能であり、隔月程度で現地に赴いて電池交換とデータ回収ができれば運用が可能である。

　一つ目の事例は、長野県長野市の財産区有林で行われる森林体験活動を対象としたものである。この場所では、近隣の小学校における総合的な学習の時間の一環として小学生の森林体験活動も行われるが、他にもPTAによる森林管理作業、育成会のキノコ汁づくりイベント、地元企業の社会貢献活動など、共通の森を舞台に多様な活動が展開されている。

　当初、筆者は従来の流れで、小学校の総合的な学習の時間に資する想定をして、当該地域に参画した。前節の経緯から、子どもたちの当該地域での森林体験活動に主眼を置いて、この森に野生動物撮影用の赤外線センサーカメラと、キノコ駒木撮影用のインターバル撮影カメラを新たに設置した。子どもたちは年に1〜2回しか現地を訪れないため、これらのカメラ映像により自分たちが現地にいない間の出来事を、直感的に把握することができる。実際に、イノシシやクマなどの野生動物、そしてキノコがニョキニョキと大きくなっていく映像を見た子どもたちは、自分たちが活動した場所の出来事として驚きの声を上げていた。

　ここまでであれば、従来の学校教育における実践の枠内にとどまるのであるが、このカメラ設置の影響は学校の外側にまで波及した。カメラの映像を小学生たちに見せたのは、当該小学校の総合的な学習の時間であったが、この時、カメラ映像に興味を持った地域住民が15人ほど小学校に押しかけたのである。地域住民もずっと森を見ているわけではないので、野生動物やキノコの映像に、子どもたちと同じか、それ以上とも感じられるほどの関心を向けた。これは当初、筆者がまったく意図しなかった波及効果であった。

　この授業では、新規設置したカメラ映像の提示に続いて、後半は発展とし

て、サイバーフォレストの秩父演習林アーカイブを用いたワークショップを行った。具体的には、秩父演習林の1年間のうち特徴的な8日をピックアップしたものを、時系列を無視してランダムに提示し、正しい時系列を考えてもらうものである。これも小学生を対象として準備したものであったが、試しに地域住民らにも提示したところ、非常に熱心に取り組みはじめ、最終的には小学生と議論を交わすまでに至った(図5)[11]。

図5　小学生と地域住民が秩父演習林画像の時系列順について議論を
　　交わす様子。

　以上のように、地域の身近な場所に自動撮影カメラが設置されることは、子どもたちの学習を充実させるにとどまらず、生涯学習にも位置づけられる可能性があり、さらには世代間交流の促進にまで発展する可能性も見出されたといえよう。
　二つ目の事例は、学校から完全に離れたもので、長野県千曲市の山間にある集落(大田原地区)の有志が、同市役所の農林課と協働で企画・実施している、農業体験プログラムが対象である。その内容は蕎麦の栽培が中心であり、種まき、中間管理(土寄せ)、収穫、蕎麦打ちと、年間計4回のプログラムを

通して、参加者は蕎麦を蒔いてから食べるまでの一連を体験する。対象年齢は特に設定しておらず、子どもから高齢者まで幅広い年齢層が集うイベントとなっている。

　既に5年度ほどの実績があった当該プログラムに参画する機会を得た筆者は、蕎麦の畑にインターバル撮影カメラを設置して、種まきから収穫に至るまでの間の蕎麦の生長の様子を記録しておき、収穫時もしくは蕎麦打ち時に参加者へ提示することを提案した。すると、市役所農林課の担当者が興味を示し、市の予算でカメラを購入するとともに、現地での電池交換とデータ回収も対応し、撮影された映像を市のウェブサイトで公開する旨を申し出てくださった。この取組は、長野県の地方紙である「信濃毎日新聞」の地域欄に掲載されるなど、一定の注目を集めた。また、映像を見た参加者が、蕎麦の花に興味を示し、翌年に蕎麦の花見を新企画として提案するなど、参加者の意欲向上にも資するものとなった。

　その後、市役所農林課の担当者が交代して同様の対応ができなくなり、筆

図6　農業体験プログラム全体のまとめ時に、当年の蕎麦畑の様子を過去のものと比較しながら確認している。

者自らが電池交換やデータ回収の対応にあたる必要が生じたりもしたが、蕎麦畑のインターバル撮影は細々と5年以上にわたって継続し、参加者はプログラム時に当年の畑の様子を過去のものと比較しながら閲覧できるようになった（図6）。また、参加者だけでなく、プログラム運営を担う地域の有志メンバーにも畑の映像に興味を示した方がおり、カメラの映像を提示しながら当年の蕎麦の出来とその要因について参加者に説明する場面も見られた。

　以上のように、蕎麦畑にインターバル撮影カメラを設置したことは、必ずしも全ての関係者に強い影響を及ぼすわけではないが、時として参加者に、地域住民に、また行政にそれぞれ、一定の影響を及ぼす結果となった。

8　感性情報のデジタルアーカイブが自然と人を紡ぎ直す

　はじまりは、筆者自身が来る日も来る日も、東京大学秩父演習林の映像を淡々と観察し続けたという、きわめて個人的な経験だった。振り返ってみれば、しかし、それは非常に得るものの多い、得難い経験であった。誰より筆者自身が、かつて自然とは対立的に扱われてきた技術を活かして、遠隔地にいながら自然と繋がる感覚を得たのである。これに続いた数多くの実践は、筆者自身が得たものを如何に多くの人々にも得てもらえるかの挑戦であり、当然ながら未だに完全な解答は得られていない。それでも、デジタル技術と自然という、ともすると対立的に扱われがちな両者を、同じ方向性でとらえようとすると、どのようなことが起こりうるかを、いくばくかは示すことができたのではなかろうか。

　自然と技術が対立的に扱われるのは、いわば、ソローの時代から連綿と続く伝統のようなものである。現代においても未だ、自然と人を切り離す方向性の技術は数多く存在するだろう。それでも、ソローの時代には存在しなかった、録音やインターネット、そしてデジタルアーカイブといった技術が存在する以上は、ある側面においては、ソローの時代の前提を見直すこともまた、意義があるはずである。自然と技術を対立させるのではなく両者を総

体的に扱う環境学の立場から、本章を改めて総括するならば、感性情報のデジタルアーカイブを自然観察のための手段としてとらえると、伝統的なそれとは異なる要素を含んだ自然と人との関係が浮かび上がってくる。新しさを含んだ自然と人との関係、それはおそらく単に「繋ぐ」というほど安易なものではなく、その意義を一歩一歩確かめながら丁寧に「紡ぐ」という表現が、より適切ではなかろうか。

　感性情報のデジタルアーカイブ・サイバーフォレストは、いったん切り離された自然と人を「紡ぎ直す」ための技術である、という仮説を立案したところで、本章を閉じたいと思う。

注
1）　ヘンリー・D・ソロー著、今泉吉晴訳(2016)『ウォールデン 森の生活 上』小学館.
2）　http://www.cyberforest.jp/otanomo-sound/(最終アクセス：2019年8月20日)
3）　藤原章雄(2004)『マルチメディア森林研究情報基盤「サイバーフォレスト」の概念構築と有効性の実証的研究』東京大学・学位請求論文.
4）　今泉吉晴(2012)『わたしの山小屋日記〈春〉——動物たちとの森の暮らし』論創社.
5）　Richardson, A.D., Jenkins, J.P., Braswell, B.H., Hollinger, D.Y., Ollinger, S.V. and Smith, M-L.（2007）Use of digital webcam images to track spring green-up in a deciduous broadleaf forest, *Oecologia*, **152**, 323-334.
6）　Nakamura, K.W., Fujiwara, A., Kobayashi, H.H., and Saito, K.（2019）Multi-timescale education program for temporal expansion in ecocentric education: Using fixed-point time-lapse images for phenology observation, *Education Sciences*, **9**(3), 190.
7）　https://www.youtube.com/watch?v=m4UDbWchRyg(最終アクセス：2019年8月20日)
8）　http://www.cf4ee.jp/chichibu_1996-2017.pdf（最終アクセス：2019年8月20日）からダウンロード可能。最大でB0サイズの印刷が可能である。
9）　国立教育政策研究所教育課程研究センター(2014)『環境教育指導資料【幼稚園・小学校編】』東洋館出版社.
10）　和栗百恵(2010)「『ふりかえり』と学習——大学教育におけるふりかえり支援のために」『国立教育政策研究所紀要』**139**, 85-100.
11）　このとき、地域住民よりも小学生のほうが正答者の割合が多かった。

第 **3** 部

自然史・理工系研究データの
学際的利用

第7章
南方熊楠データベース
文理統合・双方向型デジタルアーカイブ

岩崎　仁

1　はじめに——南方熊楠と彼が遺した資料

　本章では、南方熊楠(1867-1941)の生物学関連資料を基とするデータベース
を紹介する。それに先立って南方(以下本章では南方熊楠のことを南方と呼ぶ)が遺
した資料について説明する必要があるが、そもそも「南方熊楠」が人名であ
ることをご存じない方がおられるのではないだろうか。実際、過去には「南
方熊楠」を植物のクスの一種の表記と受け止めた方がおられた。南方熊楠記
念館[1]の紹介には「和歌山県が生んだ博物学の巨星。東京大学予備門中退後、
19歳から約14年間、アメリカ、イギリスなどへ海外遊学。さまざまな言語
の文献を使いこなし、国内外で多くの論文を発表した。研究の対象は、粘
菌[2](変形菌)をはじめとした生物学のほか人文科学等多方面にわたり、民俗
学の分野では柳田国男と並ぶ重要な役割を果たした。生涯、在野の学者に徹
し、地域の自然保護にも力を注いだエコロジストの先駆け…」とある。南方
は、明治維新の前年に生まれ、明治期から昭和初期にかけて活躍し、真珠湾
攻撃の直後に没した人物である。青年期である1887(明治20)年から1900(明治
33)年の14年間を学問のために米英で過ごすなど、当時の日本人としてはと
ても特異な生き方をしたと言える。表1に南方の略年譜を記す。

表1 南方熊楠年表

西暦（和暦）年	年齢	主な出来事
1867（慶応3）年	0歳	5月18日（旧暦4月15日）、父・弥兵衛、母・すみの次男として和歌山城下橋丁に生まれる。
1875（明治8）年	8歳	『和漢三才図会』（105巻）の筆写に励む。この前後に『本草綱目』、『諸国名所図会』、『大和本草』なども筆写。
1884（明治17）年	17歳	9月、大学予備門に入学。同級生に夏目漱石、正岡子規ら。
1886（明治19）年	19歳	2月、予備門を退学。12月、渡米。
1887（明治20）年	20歳	1月、サンフランシスコに上陸、同地のパシフィック・ビジネス・カレッジ、のちランシングの州立農学校へ入学。
1888（明治21）年	21歳	11月、農学校を退学、アナーバーに移り、植物の調査と観察に励む。
1891（明治24）年	24歳	4月、フロリダ、キューバなど各地で植物を調査。キューバで採集した地衣類の一種は新種とされた。
1892（明治25）年	25歳	9月、ニューヨークからロンドンへ渡る。
1893（明治26）年	26歳	9月、大英博物館への出入りを許され、東洋関係の文物の整理をしながら読書と抄写に励む。10月、週刊科学誌『ネイチャー』に「東洋の星座」を発表。ロンドン訪問中の土宜法龍と会い親交を結ぶ。
1895（明治28）年	28歳	4月、大英博物館の図書館に通い、民俗学、博物学、旅行記などの筆写を開始、筆写ノート「ロンドン抜書」は帰国までに52冊となる。
1897（明治30）年	30歳	3月、大英博物館東洋図書部長R・ダグラスの紹介で孫文と会う。
1900（明治33）年	33歳	生活の窮迫から9月1日、帰国の途につく。10月15日、神戸に上陸、弟・常楠に迎えられ和歌山市に帰る。
1901（明治34）年	34歳	10月、熊野入り、那智山周辺の隠花植物を調査。
1904（明治37）年	37歳	9月、那智での研究生活を打ち切り、田辺へ（10月）
1906（明治39）年	39歳	7月、田辺闘鶏神社宮司の四女田村松枝（27歳）と結婚。
1909（明治42）年	42歳	9月、神社の合祀と森林伐採に反対する意見を「牟婁新報」に発表。
1911（明治44）年	44歳	3月、柳田國男より来信、以後文通を重ねる。9月、松村任三宛書簡2通が柳田により「南方二書」として刊行され、識者に配布される。
1914（大正3）年	47歳	1月、雑誌『太陽』に「虎に関する史話と伝説、民俗」を発表
1921（大正10）年	54歳	1月、自宅の柿の木より発見した変形菌を新属新種ミナカテルラ・ロンギフィラと命名したとの知らせをG・リスターより受ける。
1926（大正15）年	59歳	11月、門人小畔四郎らと協力して変形菌標本90点を摂政宮（後の昭和天皇）に進献。
1929（昭和4）年	62歳	6月、南紀行幸の昭和天皇に進講し、変形菌標本110点を進献。
1935（昭和10）年	68歳	12月、神島が文部省より天然記念物に指定される。
1941（昭和16）年	74歳	12月に入ると萎縮腎で臥し、やがて黄疸を併発する。29日午前6時30分永眠。

※「南方熊楠 ── 100年早かった智の人」展（2017年12月〜2018年3月、国立科学博物館）より

南方の著作や彼が遺した文章は、『南方熊楠全集』[3]としてまとめられ、平凡社から出ている。また、南方はロンドンに滞在していた頃から英文誌"Nature"、"Notes and Queries"などへ多数投稿したが、それらの翻訳もまとめられて出版[4],[5]されている。彼の人物、生涯については飯倉照平氏の著作[6],[7]を、彼の思想については松居竜五氏の著作[8],[9]を、また全体像の把握には『南方熊楠大事典』[10]を参照してほしい。その他にも南方に関しての書籍[11]は多数ある。

　略年譜にあるように、南方は、幼少期に『和漢三才図会』や『本草綱目』などに対して強い興味を示し、ロンドンでは大英博物館図書室において世界中の知識を集積し、帰国後はキノコ(菌類)など隠花植物[12]を中心とする様々な生物の標本を作成し続けた。彼の学問的意識の根底には常に博物学志向があり、それは生涯変わることがなかったと言える。

　南方が遺した資料は、南方熊楠記念館あるいは私人が所蔵するものを除いて、現在は2か所に保管されている。菌類図譜等の植物学関連資料は茨城県つくば市にある国立科学博物館植物研究部に、日記・書簡をはじめとする多種多様な資料は和歌山県田辺市の南方熊楠顕彰館[13]に保管されている。南方と妻松枝さんとの間には、結婚1年後の1907年に長男熊弥さんが生まれ、その4年後に長女文枝さんが生まれている。熊弥さんは1925年3月に高等学校受験で訪れていた高知で精神的錯乱に陥り、それ以降は、現在の統合失調症に該当すると思われる状態となり、回復することなく1960年に紀南病院新庄別館(現在の紀南こころの医療センター)で亡くなった。一方、文枝さんは1946年に結婚したが子供には恵まれなかった。南方が没した後、彼が遺した膨大な量の資料は、文枝さんらによって散逸することなく南方熊楠旧邸[14]において大切に保管されていた。このうち生物学関連資料は、1989年に国立科学博物館植物研究部に移管・収蔵された。同年、南方の業績の顕彰及び南方熊楠旧邸の保存を目的として南方熊楠邸保存顕彰会[15]が活動をはじめ、1992年からは南方熊楠資料研究会[16]が南方熊楠旧邸保存資料の調査・整理をスタートした。2000年に文枝さんが亡くなり南方の直系は途絶

え、文枝さんの遺志によって旧邸に遺されていた資料は田辺市に寄贈された。現在はその全てが南方熊楠顕彰館蔵となっている。

　南方熊楠旧邸保存資料は、南方熊楠資料研究会の10年を超える活動の成果として『南方熊楠邸蔵書目録』[17]、『南方熊楠邸資料目録』[18]にまとめられた。蔵書目録の内容は大きく洋書、中国書、和古書、和書にグループ分けされ、それぞれ日本十進分類法を参考に分類されている。「洋書」1,766点、「中国書」230点、「和古書」323点、「和書」1,479点、合計3,798点で個人の蔵書としてとりわけ多いとは言えない。洋書では、日本十進分類法で440番台に分類される植物学が130点、441番台のシダ類・藻類・蘚苔類・地衣類・菌類が498点と目立って多い。しかし和書では、440番台は54点だが、441番台は無い。彼が自らの研究に必要な専門的知識を国内ではなく国外に求めていたことが如実に表れている。資料目録は大きく自筆資料、原稿、書簡など7グループに分けて収録されている。まず日記、抜書等を含む「自筆資料」は628点、「原稿」は1,247点（欧文70点、和文1,120点、その他草稿など57点）、「書簡」（南方が出した手紙類）は計2,106点（そのうち欧文は8点）、「来簡」（南方が受け取った手紙類）は計5,714点（そのうち欧文は314点）、写真や名刺等の「関連資料」が2,066点、「雑誌、抜刷」が807点、「新聞切抜」が2,164点である。他に南方熊楠記念館蔵資料210点と購入・受贈資料（2004年時点）が記載されている。邸に遺された資料のうち一部は現在も整理中のものがあり、特に新聞紙に挟まれたままの植物標本など、未整理の資料も少なくない。また受贈資料も増えており、総計は25,000点を超える。

　国立科学博物館植物研究部では「南方熊楠コレクション」として植物関係の標本類が整理され保管されている（図1）。筆者が南方の資料にかかわりはじめてしばらくの2003年時点で、

　　菌類：彩色図譜約3,500点、乾燥標本約6,000点、プレパラート標本約
　　1,600点
　　藻類：乾燥標本約1,000点、プレパラート標本約4,000点
　　変形菌（粘菌）類：約6,600点、蘚苔類：約1,570点

地衣類：約700点

が保管され、計約25,000点であった。

　歴史的資料はその保存と活用を
考える必要があるが、当然のよう
に、保存・管理を考慮すれば原資
料に対する人の直接的・物理的な
アクセスは制限され「クローズ」と
なることが望まれ、活用・公開と
いう点からはできるだけ多くの
人々の目に触れること、すなわち
「オープン」が望まれる。南方の植
物標本や日記、書簡類についても、
南方熊楠資料研究会は研究の進展、

図1　国立科学博物館南方熊楠コレクション（変
　　形菌標本）

研究者の便宜を考えて「オープン」の方向へ進もうとし、一方、南方熊楠邸保
存顕彰会は公開への理解を示しつつも原資料の損傷を恐れて「クローズ」へと
向う傾向があった。これらを両立しうる方法の一つが原資料のデジタルファ
イル化による保存であり、公開であった。

2　南方熊楠データベースv.1——画像データとテキストデータの統合

　南方熊楠関連資料のデータベース化の発端は、2002年から2004年にかけて
国立科学博物館植物研究部で行った菌類図譜の画像保存であった。旧邸では、
菌類図譜は、図譜本体と南方没後になされた記載英文の書き起こし（手書き）1
枚が金属製クリップまたはピンで留められ、これを新聞紙にくるんだものが
多数積み重なった状態で長持に入れられ、保存されていたらしい[19]。国立科
学博物館へ移管された時に金属製クリップなどは取り除いた上で一組ずつプ
ラスチックバッグに分けて入れ、F番号順（Fはfungiを表す）にケースに収められ
て、恒温恒湿の状態で保管庫に収納されて大切に保管されていた（図2）。

菌類図譜は、おおむねA4判の大きさの紙1枚に1種のキノコが描かれている。1枚の図譜は、採集日時、採集場所、採集状況、採集者などの「基本情報」の他に、貼り付けられた「乾燥標本」、そして採集時のキノコの外観を描いた「彩色図」、折りたたまれた紙片に格納された「胞子」、キノコの様子を記述した「英文記載」で構成されているのが標準である。しかし、乾燥標本が無い図譜、逆に基本情報と乾燥標本だけの図譜などもかなり見られ、さらには1枚に2種のキノコが描かれた図譜、裏に異なるキノコの情報が記された図譜など、標本資料としては不適切なものもある。それぞれの図譜には南方によってF番号が付けられている。F.434と番号付けられた図譜を見ると上部に錆びたクリップの跡が残っているのがわかる（図3）。この図譜では、基本情報が上部右に書かれ、その下の種名部分を見ると南方はこのキノコをシビレタケ属の新種と同定したことがわかる。中央部分には彩色図が描かれ、その左横と下に乾燥標本が貼り付けられている。また上部右と中央寄りに2枚

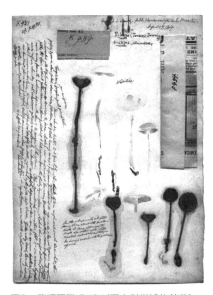

図2　菌類図譜保管状況（国立科学博物　　　図3　菌類図譜 F.434（国立科学博物館蔵）
　　　館植物研究部）

の紙袋が見えるが、これを開くと雲母片に挟み込まれた胞子が出てくる。胞子をいつでも顕微鏡観察できるよう工夫されているのである。そして図譜全体の左部分に英文でキノコの様子が記載されている。

　大切に保管されている図譜であるが、一部の台紙には時間の経過による風化、損傷が見られ、早期の画像保存が望まれた。筆者は大学在学時から写真感光材料の研究をしてきたこともあり、画質の点から、菌類図譜の画像保存もポジフィルムを用いた大判カメラ撮影を当初は考えた。しかし撮影の手間と現像処理に要する費用、さらには後の活用のためのフィルム画像のデジタルファイル化などを考慮して適切ではないと判断した。最終的には市販スキャナによるスキャニングを選んだ。これにより人手と機材を確保すれば並行して作業することが可能となった。実際の作業をはじめるにあたって、スキャニングの解像度や画像保存形式を検討した。2003年頃のPCをはじめとするデジタル機器の処理能力は、現在と比べるとはるかに劣るものであった。まず1画像当たりのデータ量が問題となった。例えば、望ましいパターンとして、保存形式を非圧縮のBMPあるいは圧縮によるデータ損失がないTIFFとし、スキャニング解像度を1200 dpiとすると、1画像当たりのデータ量が非常に大きくなり、図譜1枚のスキャニングとその保存に30分以上の時間がかかった。図譜の総数3,500枚を考えればこのような作業は現実的ではない。後日のデジタルデータの利用例として美術印刷に耐えるクオリティを想定し、同時に作業効率を考慮して、スキャニング解像度は600 dpi、保存形式はJPG(低圧縮率：10／12)と決めた。これにより、図譜1枚に要する作業時間が後始末を含めても5分以内となり、データ量も1ファイルが6〜9 MBとなった。この方法であれば当時の標準的な記録媒体であった容量650 MBのCD-ROMに100枚近くの画像を保存することが可能である。後の日記や書簡のデジタル保存においても、この方式が標準となった。全ての菌類図譜をデジタル化した時点で、全画像ファイル数は3,411、総データ量は約20 GBとなった。

　次に英文記載のテキストファイル化を行った。先に述べたように図譜には

「リライト」と呼ぶ手書きの書き起こしが添えられていた。丁寧な筆記体で書かれており、これを基に、萩原博光氏[20]が既にテキストファイル化を進めていた。このリライトが無い図譜は図譜自体の英文を読まなければならない。南方の字はかなり個性的で、特に日記の和文記載の翻刻[21]はとても困難である。それに比べれば図譜の英文記載は読める。しかし英文記載をテキストファイル化するには、図譜の画像を表示しながらテキストデータを入力しなければならず、画像データとテキストデータを統合したデータベースを作る必要があった。このためにオブジェクト指向のスクリプト言語である Ruby を利用して画像ファイルとテキストファイルを統合したデータベースを作り、http を介して閲覧や検索、画像を参照しながらのテキスト編集を可能とした。

3　南方熊楠データベース v.1 の利用

　上記のデータベースを便宜上 v.1 と称するが、このデータベースに対して、南方が記載した菌類（キノコ）の属名、種小名[22]など、また基本情報中の採集日や採集場所、採集者などを記載英文の全文検索によって抽出し、データマイニングを行った。まず ruby によって記載英文の全テキストファイルから「月」を抜き出すプログラムを作成し、日付をキーとする統計情報を得た。なお、以下で示す解析[23]を行った時点で英文記載のテキストファイル化は途中であり、全ての図譜が統計の対象とはなっていない。

　月別の採集日の頻度分布では、6〜8月と10〜11月に多く、1〜3月に極端に少ないことがわかっ

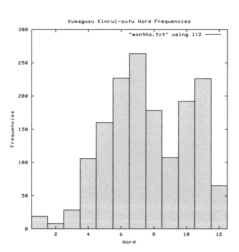

図4　菌類図譜の月別分布

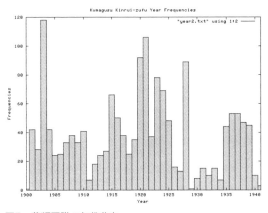

図5　菌類図譜の年代分布

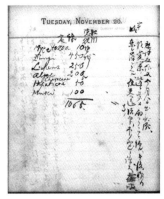

図6　1900年11月20日の日記
（南方熊楠顕彰館蔵）

た（図4）。これはキノコの出現時期とほぼ一致する。一方、曜日別の頻度分布を見たところ、月曜日178、火曜日197、水曜日180、木曜日161、金曜日162、土曜日150、日曜日186となり、土曜、日曜を問わず曜日による偏差はほとんど無い。キノコは曜日によって出現するわけではないのでこれは納得できる。また、南方はいわゆる仕事に就いたことがないため、彼には曜日の感覚があまり無かったのではないかという指摘もある。

　次に年代別の頻度分布を見ると、明確なピークを示した（図5）。南方は、米英留学からの帰国後しばらくは弟の常楠が住む和歌山市に滞在し、この時期に菌類図譜を描きはじめた。その頃の1900年11月20日の日記には、紀州隠花植物の予定として、変形菌10、菌450、地衣250、藻200、輪（車軸）藻5、苔50、蘚100、計1,065種、と記されている（図6）。その後、1901年10月に和歌山から那智勝浦へ移動し、1904年10月まで那智の森に滞在して植物採集三昧の日々を送った。ただし、那智へ移動してしばらくは海に近い那智勝浦を拠点としており、1901年11月から翌年1月の日記には海藻採集の記録が克明に書かれ、当初は藻類の採集がもっぱらであったことがわかる。翌年1月12日に那智の森に近い市野々へ拠点を移した。市野々へ移動してから日記に書かれた植物採集数は日を追うごとに大きくなるが、菌類が主な採集

対象となるのはその後のことで、菌類図譜の数は1903年に大きなピークを示している。そして1904年に那智での生活を打ち切り、口熊野と呼ばれる田辺の街へ移動しそこに定住して、それ以降この地から動くことはなかった。南方は1909年頃から神社合祀反対運動[24]に力を入れるようになった。1911年の頻度が目立って低いが、この年に柳田國男との交流がはじまり、南方の神社合祀反対運動の結実と言えるいわゆる「南方二書」が柳田の仲介で世に出ている。すなわち、神社合祀反対運動と柳田との民俗学的なやり取りに多忙を極めていたことが窺えるのである。1920年8〜9月と1921年10〜12月には高野山へ、また1928年10〜12月には田辺の町から北の方向の川又、妹尾の官有林へそれぞれ現地滞在型の採集旅行に出かけており、これが大きなピークとなって表れている。逆に、1929年には極端に図譜が少なく、ほとんど描かれていない。この年の6月1日に南方は昭和天皇へご進講を行うという栄誉を得た。昭和天皇は生物学、特にヒドロ虫と変形菌の分類学に関心が強く、この分野の研究者であった。1926年には小畔四郎(南方の変形菌研究を支えた一番弟子)を介して、南方の変形菌標本が昭和天皇(この時は皇太子)へ送られている。このようなことから1929年の前後数年間は菌類図譜の数が少ない。その後しばらくした1935年頃から菌類図譜作成への意欲は戻ったようである。南方は1941年12月29日に死去したが、死の2か月前に描かれた図譜が遺されている。

　日付をキーとする統計情報の解析以外にF番号をキーとする解析も行った。これは図譜に記されたF番号の参照関係を調べるためであった。F.434の図譜(図3)ではF番号のすぐ下に "cf. F.1496" と書かれており、多くの図譜にはこのように参照すべき図譜番号が記入されている。これらの時間的、空間的、また植物分類学的相関関係の図化を試みたが、同時にF番号自体の不連続性が明らかとなった。F番号を年代に対してプロットしたところ、おおむね時系列的な分布を示し、早い年代ほど小さいF番号が付されていることが読み取れたが、必ずしも連続しておらず、特にいくつかの部分では大きく不連続となっていた(図7)。例えば、図の "A" で示す部分は年代方向の途切れが、

"B"で示す部分にはF番号の途切れが見られる。Aの途切れは、先に述べた1929年ご進講前後の低迷期と一致する。Bの途切れはF番号の2990番から3113番までの欠落に該当し、その理由はまだわかっていない。また時系列の連続性から大きく外れたF番号も見られ、中央を斜めに連続する点から左・上方向にずれた点は、時系列的に早い時期に大きなF番号が付

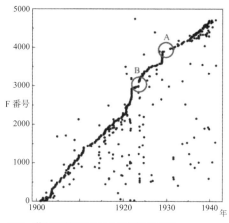

図7　菌類図譜のF番号と記載年の関係

けられた図譜を示し、なぜこのような番号付けがなされたのか非常に興味深い。

　図譜に記載された英文の各単語を抽出して南方の英語の傾向を解析する試みもなされた。その結果、出現頻度は1位the(1位)、2位and(3位)、3位with(12位)、4位or(32位)、5位in(5位)と並んだ。それぞれの単語のカッコ内は、比較として用いたBritish National Corpus[25]のデータである。"with"と"or"の頻度がやや高いが、平均的な英語の出現頻度と大きな差はない。しかし、それ以降、11位very(96位)、13位margin(5,921位)、15位thick(3,068位)、16位stem(10,958位)とおよそ平均とはかけ離れた単語が並んでくる。これらはキノコの様子を表すために使われた単語で、菌類図譜の記載文に用いられる頻度が高いことは納得できる。stem(柄)はキノコの部分であり、pileus(傘)、gill(ひだ)とともに南方の英文記載中に頻出する。そして18位にminutely(40,589位)という副詞が入る。南方の菌類図譜に特徴的に使用された英単語はこの"minutely"と言えるかもしれない。

　南方熊楠顕彰館は2006年5月にオープンしたが、開館時の一つの目玉としてこの南方熊楠データベースv.1を基に、那智や紀伊田辺、それをつなぐ熊野古道の中辺路に点在する南方ゆかりの地を紹介する内容を盛り込んで、南方がその場所で採集したキノコの図譜が見られるようにして、来館者に公開

した。また国立科学博物館において同じく2006年10月7日から11月26日の会期で、日本の科学者技術者展シリーズ第4回「南方熊楠——森羅万象の研究者——」[26] を開催したが、この場でもv.1のコンテンツのうち那智時代に限定して入場者に自由に触れてもらう形で公開した。

4　南方熊楠データベース v.2

　2012年になって、およそ800点の菌類図譜が国立科学博物館植物研究部の南方熊楠コレクションに加わった。これは、国立科学博物館が南方熊楠菌類図譜を管理する前に、研究上の理由で、国立科学博物館以外の国立研究機関へ貸出されていたもので、それが戻ってきたのである。これによって、前節で述べたF番号の不連続が一部埋まり、不連続さの原因の一つが図譜の散逸であると推測された。

　上記の新発見図譜は国立科学博物館植物研究部へ移管された後、ただちに画像保存と英文記載のテキストデータ化が実施され、それまでの南方熊楠データベースv.1に加えられることになった。新規図譜データを追加すると同時に、別途進めていた日記のスキャニングがほぼ終了し、書簡類についても、先に述べた小畔四郎や高野山の高僧であった土宜法龍との間で交わされた書簡の翻刻、活字化[27], [28] も進み、これらを同じデータベース上に載せて有機的に結び付けることが研究上望まれていた。日記の翻刻は、現在、東京、関西及び和歌山県田辺市の3か所でそれぞれ分担して進められているが、この作業をインターネット上で進めることが強く望まれた。

　以上のような状況からデータベースのバージョンアップ、再構築を検討した。日記の翻刻やその修正などをインターネット上で行うためには、ウェブブラウザを介してコンテンツを閲覧しテキストデータを直接編集、保存する必要がある。このため、文章と画像の閲覧、検索、編集に優れ、また一般公開を前提とするので利用者が多い大規模な環境でも運用でき、かつフリーであるMediaWikiをサーバーソフトウェアとして選択した。このためデータ

ベース v.2 は "MINAKATA Wiki" と名付けられた（図8）。

図8　MINAKATA Wikiのメインページ

　MediaWiki 上には、菌類図譜スキャン画像データは「標本」のカテゴリに、日記のスキャン画像データは "日記" のカテゴリに分類される。菌類図譜にはSpecimenFXXXXY（X：0〜9までの数字、Y：アルファベット）のタイトルが、日記にはDialyYYYY.MMDD.MMDD（Y：年 M：月 D：日）のタイトルが付与されて、それぞれ1ページの記事として作成される。メインページにはこの二つのカテゴリが表示され、クリックすると日記一覧、図譜一覧が表示される。菌類図譜のSpecimenFXXXXYのYはAからスタートする。これは同じF番号の図譜が複数枚ある場合にB、C、…と上げて区別するためである。また南方の日記は年代によってその形式が異なり、1枚の画像に複数日分が記載されている場合があるので、日記のタイトル、DialyYYYY.MMDD.MMDDの前のMMDDが画像中の1日目、後ろのMMDDが最終日とした。図9の「Diary1903.1010.1013」は1903年10月10日から13日の日記のページである。日記，標本以外のカテゴリとして、日記の記載年月日、図譜の採集年月日の日付カテゴリや、図譜の属名、種小名、採集者、採集場所などそれぞれのカテゴリがあり、カテゴリ別にタイトルを一覧表示させることができる。「Diary1903.1010.1013」のページの下端にカテゴリとして日付が表示されてい

るが、これをクリックすることで同じ日に採集したキノコの図譜があればその一覧を表示できる。また菌類図譜のページの採集場所カテゴリをクリックすると、その場所で採集された図譜が一覧表示され、それぞれの図譜ページに容易にアクセスできる。

図9　日記1903年10月10日〜13日のページ

　上記のようなMediaWikiへの画像のアップロードは、画像を1枚1枚処理することで行えるが、南方が遺した日記や図譜の数が膨大であることを考えると作業として現実的ではない。そこで、画像データのアップロード、画像の説明記事の作成、相互参照に必要なタグ情報の付与についてプログラムを作成し、作業を自動化した。しかし、それ以前に使用していた各画像データのファイル名には重複や抜けがあり、自動化のためにはそのままでは使えず、新規に管理番号を付与する必要があった。この管理番号の付与によって、膨大な量の画像データの記事作成処理を自動化することができた。
　2017年12月から2018年3月にかけて、国立科学博物館で南方熊楠生誕150

周年記念企画展「南方熊楠──100年早かった智の人」[29]が開催された。ここで、2012年に南方熊楠コレクションに新しく加わった菌類図譜が初公開されたが、この初公開の図譜を含めた南方熊楠データベースv.2を、入場者が自分で操作して閲覧できる体験コーナーとして、公開した。国立科学博物館植物研究部はこの展示に合わせて、南方熊楠データベースv.2のコンテンツである図譜画像を用いた画像データベースを公開[30]した。さらに同展の巡回展として、南方熊楠顕彰館において「第25回特別企画展　南方熊楠──100年早かった智の人」[31]が、京都工芸繊維大学美術工芸資料館において「展示　南方熊楠──人、情報、自然」[32]が開催され、ここでも体験コーナーを設けて来場者に南方熊楠データベースv.2を公開した。

5　まとめ──南方熊楠データベースの展開

　国立科学博物館で保管する生物関連資料のうち、菌類の次に整理が進んでいるのが藻類である。藻類標本は南方によってA番号（Aはalgaeを表す）が付されている。比較的大型の藻は図譜形態の貼付標本（図10）として遺されており、これらは全てスキャンニング作業が終わり画像データ化されている。またそれらの採集場所や採集日時等の基本情報もExcelファイルとして目録化されている。一方、微細藻のプレパラート標本については基本情報の目録化は終了しているが、多くの標本で経時損傷が著しく、また顕微鏡写真撮影が必要であるため画像ファイル化には時間を要すると思われる。変形菌標本についてはAccessを利用した目録が作成されている。なお、南方の変形菌図譜は昭和記念筑波研究資料館[33]に2枚だけ現存している。これは1926年11月に小畦四郎を介して南方から90点の変形菌標本とともに昭和天皇へ献上された図譜である。これ以外に多くの変形菌図譜があったことが南方の日記の記述から窺えるが、国立科学博物館にも南方熊楠顕彰館にもその存在は確認できない。他の生物関連資料、地衣類や蘚苔類の標本についても目録化を進める必要があるが、同時に、現状で様々な形式で作成されている目録の内容を

図10　藻類貼付標本 A.17 1901年4月1日採
　　　集（国立科学博物館蔵）

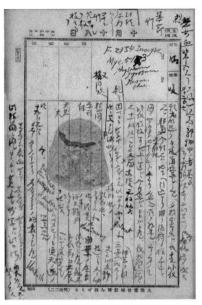

図11　1918年10月18日の日記（南方熊楠
　　　顕彰館蔵）

共通化、標準化しなければならない。

　日記には様々な絵が描かれている。また、南方が出した書簡にも多くの
絵が見られ、それらの中にはキノコや変形菌の絵も多数含まれる。例えば、
1918年10月18日の日記には "Physarum Gyrosum" と同定した変形菌の絵が
「天然大」で描かれており、記述もこの変形菌に関するものに終始している
（図11）。この絵は、上記の献上図譜のうちの1枚とそっくりで、南方が8年
後にこの日記の絵を書き写して献上図譜を作成したと推測できる。また、右
上部には "F.2134 Inocybe" と見える。菌類図譜の F.2134 には前日の10月17日
に採集したキノコが Inocybe（アセタケ属）として描かれているが、採集したキ
ノコを翌日に同定したであろうことが日記の記述から推理できる。このよう
に、日記や書簡中の記述は菌類図譜など生物関連資料の内容と相互に補完す
る情報を含んでいる。さらに、データベース化が急がれる重要な資料として

図12　ロンドン抜書 部分（南方熊楠顕彰館蔵）

「抜書」がある。これは、南方がロンドンにいた頃に主に大英博物館図書室へ
通って筆写した「ロンドン抜書(全52冊)」(図12)と、田辺定住後に作られた仏
典などの筆写と聞き取りなどの口述記録からなる「田辺抜書(全61冊)」である。
もちろんこれらにも多くの絵が描かれている。しかし抜書は翻刻も画像デー
タ化もあまり進んでおらず、特にロンドン抜書は劣化が激しいので、早急か
つ慎重に画像データ化を進める必要がある。一方で、「新聞切抜」は全資料の
スキャニングが完了している。切抜には南方の書き込みが多数見られ、民俗
学研究や自然保護運動との相関が指摘されており、この分野の研究者に特に
注目されている。このように、日記や書簡、抜書、新聞切抜など今後データ
ベースのコンテンツとすべき資料はまだまだ多い。多種多様なデータを包含
し、編集できる機能を持った統合型のデータベースの拡充と公開が望まれて
いる。

　南方熊楠が遺した原資料の保護のための「クローズ」と、研究者の便宜、一
般社会への知的還元を目指す「オープン」とを両立させるための南方熊楠デー
タベースであるが、一般公開には課題も多い。現在のv.2は京都工芸繊維大

学情報科学センターの仮想サーバー上に置かれているため、セキュリティの問題から、アクセスは学内に限られ外部からのアクセスは不可となっている。このため、国立科学博物館や南方熊楠顕彰館をはじめ、他機関との連携はできていない。また、先に述べた国立科学博物館やその他の展示会場では、インターネットを介して京都工芸繊維大学情報科学センターのデータベースにアクセスするのではなく、必要なデータを全て持ったPCを用いるスタンドアローンの形で公開した。しかし、研究者が快適に利用するためにはインターネットを介したアクセスが必須であり、今後は一般への公開も不可欠である。公開にあたっては、すでに確定した情報を概観的に閲覧できる一般公開レベルと、日記の翻刻や含まれるデータを修正可能な研究者を対象としたレベルの少なくとも二つのレベルに分けるよう準備を進めている。研究者レベルのアクセスを双方向型とすることで、国立科学博物館データベースなど他のデータベースとの連携や、現在は東京、関西及び和歌山県田辺市の3か所で個別に進められている日記の翻刻をネット上で同時進行することが可能となるなど、本データベースの発展性は大変大きい。しかしながら、MediaWikiは一般公開にはとても適しているがアクセスを階層別にするなど内部の特定の部分へのアクセスに制限をかけるような場合にはあまり向かないとされている。今後はこういった点への対応を考慮しつつ、データベースを外部移管して全国の南方研究者がアクセス可能な環境整備をする必要がある。

最後に、本章で述べた南方熊楠データベースの研究は、2003〜2004年度科学研究費「南方熊楠関連図譜類のデジタルファイル化・データベース化とインターネット公開」(基盤研究(C)、15500157)、2006〜2008年度科学研究費「南方熊楠生物・生態学関連資料のデータベース化と総合的研究」(基盤研究(B)、18300301)、2014〜2017年度科学研究費「南方熊楠研究データベースの構築とそれを利用した文理統合型研究」(基盤研究(C)、26330383)の補助を受けた。

注

1) 住所は和歌山県西牟婁郡白浜町3601-1（http://www.minakatakumagusu-kinenkan.jp/）（最終アクセス：2020年2月18日）。

2) 南方熊楠は変形菌を「粘菌」と称していた。

3) 南方熊楠（1971〜1975）『南方熊楠全集』全12巻, 平凡社.

4) 飯倉照平監修, 松居竜五・田村義也・中西須美訳（2005）『南方熊楠英文論考［ネイチャー］誌編』集英社.

5) 飯倉照平編, 松居竜五他訳（2014）『南方熊楠英文論考［ノーツアンドクエリーズ］誌篇』集英社.

6) 飯倉照平（2006）『南方熊楠——梟のごとく黙座しおる』ミネルヴァ書房.

7) 飯倉照平（1996）『南方熊楠——森羅万象を見つめた少年』岩波書店.

8) 松居竜五（1991）『南方熊楠　一切智の夢』朝日新聞社.

9) 松居竜五（2016）『南方熊楠——複眼の学問構想』慶應義塾大学出版会.

10) 松居竜五・田村義也編（2012）『南方熊楠大事典』勉誠出版.

11) 例えば、a：水木しげる（1991）『猫楠——南方熊楠の生涯』角川文庫、b：鶴見和子（2001）『南方熊楠・萃点の思想』藤原書店、c：松居竜五・岩崎仁編（2005）『南方熊楠の森』方丈堂出版、d：橋爪博幸（2005）『南方熊楠と「事の学」』鳥影社、e：萩原博光解説、ワタリウム美術館編集（2007）『南方熊楠菌類図譜』新潮社、f：武内善信（2012）『闘う南方熊楠——エコロジーの先駆者』勉誠出版、g：「南方熊楠——「知の巨人」の全貌」『kotoba』19 特別号、集英社、h：「南方熊楠と熊野の自然」『BIOCITY』70、株式会社ブックエンド、など。

12) 菌類、藻類、またシダ類など、花が咲かない植物群の意、現在の生物学用語としては使われない。

13) 英語表記はMINAKATA KUMAGUSU ARCHIVES。住所は和歌山県田辺市中屋敷町36番地（http://www.minakata.org/）（最終アクセス：2020年2月18日）。

14) 南方熊楠顕彰館に隣接、2006年の顕彰館オープンに合わせて修復・公開された。

15) 現在は南方熊楠顕彰会（http://www.minakata.org/kenshokai/）（最終アクセス：2020年2月18日）。

16) 南方熊楠旧邸の資料・蔵書の整理と目録作成を中心に南方熊楠研究のための基礎資料の調査・研究を行った（http://www.aikis.or.jp/~kumagusu/）（最終アクセス：2020年2月18日）。

17) 田辺市・南方熊楠資料研究会編集（2004）『南方熊楠邸蔵書目録』全1巻, 田辺市.

18) 田辺市・南方熊楠資料研究会編集(2005)『南方熊楠邸資料目録』全1巻,田辺市.

19) 谷川健一・中津善陽・南方文枝(1994)『素顔の南方熊楠』朝日新聞社, 151.

20) 当時、国立科学博物館植物研究部室長。現在は同館名誉研究員。

21) ここでは南方の難読な文字・文章を現代表記に書き改めること。

22) 菌類図譜に記載された学名は南方が新種として名付けたものが多い。しかし、それらの新種は未発表のために現在認められていない。

23) 岩崎仁・田中信也・萩原博光(2004)「研究者指向の南方熊楠菌類図譜データベース」『熊楠研究』6, 380.

24) 南方の環境保護運動は、主にこの神社合祀反対運動と田辺湾神島の天然記念物指定運動である。参照：http://www.minakata.org/minakatakumagusu/lifetime6/(最終アクセス：2020年2月18日)。

25) BNC Consortiumがまとめた英単語のデータベース(http://www.natcorp.ox.ac.uk/)(最終アクセス：2020年2月18日)。

26) https://www.kahaku.go.jp/event/2006/10minakata/index.html(最終アクセス：2020年2月18日)。会期中の来場者は約68,000人(国立科学博物館発表)。

27) 南方熊楠・小畔四郎著, 南方熊楠顕彰会学術部編(2008〜2011)『南方熊楠・小畔四郎往復書簡』(一)〜(四), 南方熊楠顕彰館.

28) 奥山直司・雲藤等・神田英昭(2010)『高山寺蔵南方熊楠書翰土宜法龍宛』藤原書店.

29) https://www.kahaku.go.jp/event/2017/12kumagusu/(最終アクセス：2020年2月18日)。会期中の来場者は181,780人(国立科学博物館発表)。

30) 参照：https://www.kahaku.go.jp/research/specimen/index.html(国立科学博物館、標本・資料データベースのページ、最終アクセス：2020年2月18日)。現在、菌類図譜は一般公開されていない。

31) http://www.minakata.org/events/event/25th_kikakuten/(最終アクセス：2020年2月18日)

32) http://www.museum.kit.ac.jp/20181217m.html(最終アクセス：2020年2月18日)

33) つくば市国立科学博物館筑波実験植物園敷地内、皇居内にある生物学御研究所(現在は生物学研究所)から寄贈された昭和天皇の生物学研究資料・標本を保管。

第8章

異分野融合で切り拓く 歴史的オーロラ研究

オーロラ4Dプロジェクトの経験から

岩橋清美

1　はじめに

　本章は、歴史史料を用いた異分野融合研究として実施した歴史的オーロラ研究の成果と課題について論じるものである。現在のオーロラ研究は人工衛生による先端的な観測やコンピュータによるシュミレーションを用いた研究が主流である。しかしながら、人工衛星のデータで遡及できる範囲は約50年程度であり、人工衛星がなかった時代については、樹木年輪や南極の氷床コアの分析に依拠することになる。樹木年輪や南極の氷床コアの情報は何十万年前に遡って太陽活動や気候変動を再現することが可能だが、オーロラ発生年月日の特定という点では年代幅を持たざるを得ない。これに比して古文書等の歴史史料の最大の利点はオーロラ発生の日時を特定できることにある。つまり、歴史史料を精査していくことで科学分析に適した情報を取り出すことが可能なのである。このためには史料を適切に位置づける史料批判が必要で、ここに文理双方の研究者による協働を促進する素地がある。古文書・古記録を用いた文理融合研究は1000年以上の長きにわたる太陽活動を明らかにすることが可能であり、巨大磁気嵐の発生によって生じる宇宙災害の予測にも寄与することができる。

異分野融合研究は、阪神淡路大震災・東日本大震災という未曽有の災害の経験を契機に、近年、研究が進みつつある新しい研究分野である。文理双方において自然環境への関心が高まり、様々な分野の連携が試みられている。先駆的な研究としては、総合地球環境学研究所が2006年度から2010年度にかけて行った共同研究「日本列島における人間・自然相互関係の歴史的文化的検討」がある。本研究は、サハリン・北海道・東北・中部・近畿・九州・奄美・沖縄をフィールドに、縄文時代以来人々がどのように自然と関わり生物資源を活用していたかを明らかにすることを目的に進められた。中でも中部地域の森林利用に関する研究において、自然と人間との関係の分析には、自然の特性や人間の技術力の進展以外に、人間社会内部の様々な葛藤を考慮すべきであるという示唆に富む指摘がなされている[1]。その後、同研究所では、2014年度から2018年度にかけて共同研究「高分解能古気候学と歴史考古学の連携による気候変動に強い社会システムの模索」が実施され、樹木やサンゴの年輪・古日記・堆積物などの試資料を用いた縄文時代から現代にいたる東アジアの気候変動の復元が行われた[2]。この他、2016年度日本地理学会秋期学術大会において、シンポジウム「3.11その時、その後、震災を経験した総合大学による分野横断型研究の実践」が開催され、文理融合研究の実践例が紹介された[3]。

　本章が扱う歴史的オーロラ研究は、異分野融合研究・歴史学研究の双方において新しいテーマであり、歴史地震や環境史に比して研究の蓄積も少ない。そのため、本研究では、新しい研究分野として研究手法を確立することからはじめた。本章はオーロラ4Dプロジェクトを事例に、歴史的オーロラ研究の成果を紹介するとともに、日本史学が宇宙物理学・天文学と共同することによってどのような可能性を見いだすことができるのかを論じる。なお、筆者の専門は日本近世史であり、本研究では日本史料の調査と分析を担当した。

2　オーロラ4Dプロジェクトの概要

　まず、最初にオーロラ4Dプロジェクトの経緯と概要について簡単に説明しておきたい。本プロジェクトは2015年6月に総合研究大学院大学(以下、総研大と略す)の学融合推進事業「オーロラと人間社会の過去・現在・未来」としてはじまり、メンバーは総研大をはじめ、国文学研究資料館・国立極地研究所・京都大学大学院理学研究科等に属する研究者と院生で構成された。その後、2016年度には総研大学融合研究事業「天変地異と人間社会の変遷　言葉の在り方と世界の在り方」に引き継がれ、2017年度からは3年間にわたり、国文学研究資料館大規模フロンティア事業「日本語の歴史的典籍の国際共同研究ネットワーク構築計画」の共同研究「典籍防災学：典籍等の天文・気候情報に基づく減災研究の基盤整備」(代表は、国立極地研究所准教授片岡龍峰)として進められている[4]。

　歴史史料を用いたオーロラ研究は、当初、京都大学大学院理学研究科で行われており、そこでは中国史書を用いていたが、総研大の研究に移行してからは日本史料を主たる分析対象とした。

　本チームでは、まず、巨大磁気嵐の発生によって2日以上連続するオーロラに着目し、1204年2月21～23日(建仁4年正月19～21日)のオーロラについて藤原定家の『明月記』を用いて分析した[5]。続いて、六国史を分析対象とし、オーロラ及び太陽黒点に関する記述を抽出し、中国の史書と比較してオーロラ候補を絞り込んだ[6]。その後、史料の残存量が多い江戸時代に注目し、観測史上最大の太陽フレアといわれるキャリントン・イベント(1859年9月2日・安政6年8月6日)[7]、及び1770年9月17日(明和7年7月28日)[8]・1730年2月15日(享保14年12月28日)のオーロラについて研究を進めた[9]。

　オーロラは太陽の活動と密接な関係があるため、太陽黒点のスケッチも重要な史料になる。ヨーロッパではガリレオの望遠鏡の発明以来、太陽黒点観測が行われてきたが、前近代の日本では、1年以上の長期観測は近江国の鉄炮鍛冶である国友一貫斎の観測が唯一の事例である[10]。そこで2017年度は

国友一貫斎が1835年2月3日（天保6年1月6日）から1838年3月24日（天保7年2月8日）まで観測した太陽黒点のスケッチの解析を行った。一貫斎の観測記録をスキャンしたデジタルデータからスケッチのみを切りだした上で、古文書に記された観測時間をもとに太陽の自転軸の向きの補正を行い、黒点出現緯度の同定を試みた[11]。

　こうした研究を進める一方で、2015年度から2018年度にかけて「古典オーロラハンター」という市民参加型ワークショップを年一回開催した。このイベントは、歴史・文学・天文学に関心を持つ市民を募集し、『吾妻鏡』や『小右記』、『明月記』等の史書や古記録から天文に関する記述を抽出してもらい、オーロラをはじめ過去の天文現象のデータ化の一助とした。ワークショップでは、市民が見つけ出した天文現象について、文理双方の研究者がぞれぞれの見地からコメントすることで、一つの歴史史料に関して様々な見方が可能であることを示し、参加者の理解と関心を深めた[12]。なお、このワークショップで参加者が見つけだした天文記述の一部は、「オーロラ4D＋」のホームページ上で公開している。将来的には、このホームページを利用して天文や歴史・文学に関心のある市民の手による、前近代の天文記録のデータベース作成が可能になることが望まれる。

3　歴史的オーロラ研究の手法

　歴史的オーロラ研究は、これまで天文学史の分野において理系の研究者によって進められてきた。その成果は史料集としてまとめられ、前近世については神田茂[13]が、近世については大崎正次[14]、渡邊美和[15]がそれぞれまとめている。神田は六国史をはじめ『扶桑略紀』、『続史愚抄』等の史書と、貴族や寺社の古記録を中心にオーロラ記録を収集しており、大崎も基本的には神田の手法を踏襲している。これに対し、渡邊は調査対象を自治体史に置いたため、近世史料の活字化の進展と相俟って多くの事例を集積した。しかし、これらの成果は、あくまでも史料の収集に止まるものであり、個々のオーロ

ラを科学的に分析したものではなく、オーロラ現象であるかどうかの確認も必要とする。

3-1　オーロラ現象の特定

　ここでは、まず、オーロラ現象を特定する手法について説明したい。

　基本的にオーロラは緯度の高いところで見られる現象であるが、稀に緯度の低い地域に赤いオーロラが出現することが知られている。太陽風と地球の磁場の発電が激しくなると、電流の流れる領域が低緯度にまで広がり、地球全体の磁場が乱れて磁気嵐が発生する。これによって地磁気が一時的に弱くなると、オーロラ爆発が生じ、夜空に色鮮やかなオーロラが現れては消えるという現象が見られるのである。当然ながらオーロラは地球規模の現象であり、汎世界的である。このことが歴史史料からオーロラを同定することを可能にしている。つまり、異なる2地点でオーロラとおぼしき現象を確認できれば、オーロラである可能性がきわめて高まるのである。

　日本史料の場合、古代・中世であれば史料的制約から観測場所は畿内周辺か鎌倉に集中する。このため、京都と鎌倉で同時に観測されればオーロラの可能性は高まる。逆に、鎌倉あるいは京都のどちらかでしか観測記録が無い場合、中国・朝鮮に同日の観測記録があれば、オーロラの可能性を高めることができる。

　史料の量が飛躍的に増加する18世紀半ば以降であれば、国内で離れた2箇所の観測も可能になる。2箇所の観測によってオーロラ候補を特定すると、次に観測場所の地理緯度・磁気緯度を求め、オーロラの地域的広がりを確認する。観測場所が南に広がるほど大きな磁気嵐が発生したことになる。さらに、各観測地点におけるオーロラの発生と消滅時間・色・方向・時間毎の変化といった情報を史料から集積し、これらの情報をもとにオーロラの広がりや明るさを分析する。

　オーロラ発生は概ね20時以降で、翌日の2時頃には消えはじめる。方向は北または北東で、オーロラの動きが激しくなると、光が東西に拡大する傾向

がある。色は、日本史料の場合「赤色」が一般的である。これらを総合すると、オーロラの確定には、(1)離れた2箇所以上の場所での観測記録があること、(2)発生時間は20時から翌日の2時まで、(3)色は赤色、(4)発生方向は北ないしは北東である、の4点を満たしていることが必要となる。

3-2　オーロラを表す史料用語

　歴史史料からオーロラ記述を抽出する上で重要になるのは、オーロラを示す語彙である。

　天文学史では「赤気」・「白気」がオーロラを表す語彙とされ通説になっている。しかし『日本国語大辞典』(小学館)によれば「赤気」とは「夜もしくは夕方、空に現れる赤色の雲気」、あるいは「彗星」のことで、「白気」とは「白色の気体」・「白色の雲気」を意味するとあり、「赤気」・「白気」がオーロラを示すという認識は定着していない。

　古代から近世にいたるオーロラ記述を比較すると、オーロラを示す語彙は時代毎に若干の差違があることがわかる。六国史では赤気の他に赤光・赤雲・白雲・青雲・白虹といった語彙がそれを表している。12世紀以降になると、時刻や方角も記述されることが多くなり、多様な表現で現象を表わすようになる。一例として『明月記』の1204年2月21日条(建仁4年正月19日条)を紹介しよう。

史料1[16)]

　　秉燭以後、北幷艮方有赤気、其根ハ如月出方、色白明、其筋遙引如焼亡遠光、白色四五所、赤筋三四筋、非雲非雲間星宿歟、光聊不陰之中、如此白光赤光相交、寄而尚可奇、可恐々々

　史料1で注目されるのは、「白色四五所、赤筋三四筋」、「如此白光赤光相交」という表現で、空中に広がった赤気の中に白い筋のような白気が見えているという、オーロラの特性を捉えた記述になっている。さらに、同時期の

中国の史書『宋史』に巨大な太陽黒点出現の記録があるので、これらの情報を
あわせると、オーロラとして特定することができる。つまり、前述した四つ
の要素に加え、赤気・白気にとどまらない多様な光の表現がオーロラと特定
する際の決め手になるのである。

　17世紀に入るとオーロラを示す語彙は増加する。「赤い」という表現が最
も多いが、「五光之筋」・「紅色之雲気」・「奇雲」・「紫の筋」・「紅気」・「赤筋」
等の表現もある。そもそも「赤気」・「白気」という言葉は中国の史書に見え、
漢籍の教養がないと使えない言葉である。近世に入ると、天文現象を記録し
た日記史料が増え、記録者も大名・公家・寺社・庶民と多様な階層に及ぶ。
特に18世紀半ば以降、村役人層による日記が増大するが、これらの記述は
作成者の教養に基づく部分が大きいため、必ずしも「赤気」・「白気」といった
語彙で表現されるわけではなく、見たままの状況をそのまま記すため、非常
にユニークな表現も見られる。赤気の中に立ち上る白気を「鰯の鎗の形」と形
容しているのもその一例である[17]。精度と確度の高さという点では、日記
は基本的には毎日書かれた一次史料であることから貴重である。江戸時代に
日本で観測されたオーロラの有力候補は以下の通りである。

　(1) 1635年9月7日（寛永12年7月26日）

　(2) 1730年2月15日（享保14年12月28日）

　(3) 1770年9月17・18日（明和7年7月28・29日）

　(4) 1859年9月2日（安政6年8月6日）

　これらは、大崎が候補とした25例を精査した結果である。(1)がシュペー
ラー極小期とマウンダー極小期の間、(2)・(3)がマウンダー極小期とダルト
ン極小期の間、(4)がダルトン極小期後となり、いずれも太陽活動が活発化
した時期にあたる。では、極小期には低緯度オーロラは発生しないのだろ
うか。極小期の赤気の観測事例には1653年3月2日（承応2年2月3日）があるが、
この現象を記している史料は日本では『厳有院殿御実紀』のみで[18]、中国の
地方誌『山東曹県志』に記述がある。一応、2箇所観測という条件は満たして
いるが、『厳有院殿御実紀』が後の編纂物である点を考慮すれば慎重な検討が

必要であろう。

4　歴史的オーロラの分析例

　では次に、歴史的オーロラの分析例としてキャリントン・イベントと
1770年のオーロラを紹介したい。

4-1　キャリントン・イベント

　1859年9月1日(安政6年8月5日)、イギリスの天文学者リチャード・キャリ
ントンによって観測史上最初にして最大の太陽フレアが観測され、その翌日、
ハワイやカリブ海といった低緯度地域でオーロラが観測された。この現象は
「キャリントン・イベント」と称されるもので、磁気嵐によって引き起こされ
た巨大な誘導電流の影響で西ヨーロッパや北アメリカでは電報システムが寸
断されるという被害が生じた。

　従来の研究では、キャリントン・イベントの観測記録の記録は、被害が大
きかった西ヨーロッパや北アメリカのものが注目され、東アジアの史料につ
いては、その存在は知られてはいたが、大きな関心を持たれることはなかっ
た。その理由は三つあり、第一には磁極が西半球にあり、東半球の磁気緯度
が相対的に低かったためにオーロラが観測しにくかったことがあげられる。
第二には、19世紀中葉の東アジアの国々では近代的な科学観測がはじまっ
ておらず、観測記録を見つけ出すことが難しかったことがある。第三はオー
ロラが発生した1859年9月2日は天候が悪かったという研究者の思いこみで
ある。

　そこで本研究では、史料をもとに、(1)磁気緯度の規模確定、(2)当日の天
気の分析、(3)磁気嵐の発生時間とオーロラ観測時間の比較、という三つの
視点から分析を行った[19]。まず、渡邊の収集史料をもとに、追加調査の結
果を加え、「金木屋又三郎日記」(青森県弘前市)、「見聞年々手控」(秋田県横手市)、
「校定年代記」(和歌山県新宮市)、「依岡宇兵衛諸事控」(和歌山県日高郡印南町)を分

析対象とした。これらの史料に中国の『欒城縣志』(河北欒城縣)の観測情報を加えて観測地点の磁気緯度を計算したところ、オーロラは磁気緯度23〜31度に分布していた。さらに「校定年代記」の「北方火炎の如く紅し」という表現からオーロラ帯の南限を紀伊国の天頂には至らない磁気緯度27度地点と仮定して計算し、磁気強度の変動幅(Dst指数)を -1,640nT と推定した。この値は西半球でのキャリントン・イベントの磁気強度の変動幅 -1,720nT に近い数値である。

　次に、当日の天気であるが、8月6日は関東の南部と近畿の一部地域を除いて概ね晴天であり、研究史で指摘されているような、曇天により観測されなかったとは言い切れない。

　最後に磁気嵐の発生時間とオーロラの観測時間の関係について述べてみたい。オーロラの観測時間が明記されているのは、「金木屋又三郎日記」、「見聞年々手控」、「依岡宇兵衛諸事控」の3点で、それぞれ夜9つ時(午前0時頃)、暮6つ時(18時頃)、7つ時(17時頃)と記されている。図1は、キャリントン・イベント発生時のボンベイの磁力計の変動に日本時間を組み合わせたものである。これを見ると、日本のオーロラ記述は巨大磁気嵐のタイミングを逃し

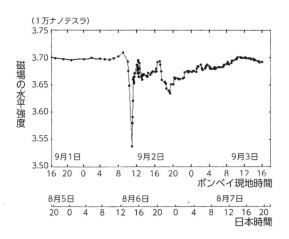

図1　キャリントン・イベント時の磁気嵐の発生と強度[20]

ていることに気づく。つまり、オーロラがピークに達していた時間帯は日本
では昼間の時間帯にあたり、日本でオーロラが見えていた夜の時間帯は磁気
嵐が比較的収まっていた時間帯なのである。

　キャリントン・イベントは観測史上最大の磁気嵐でありながら、日本史料
の残存量は1770年のオーロラに比して約20分の1ほどであった。18世紀半
ば以降、日本社会では文書主義が浸透し多くの文書が作成されるようになり、
19世紀に入ると村役人層を中心に庶民の日記も増える傾向にあるため、観
測記述が少ないこと自体が疑問でもあった。しかし、磁気嵐の発生時間と
オーロラの観測時間をつきあわせてみることで、この問題を解決することが
できたのである。この事例は思いこみが研究に弊害をもたらすことを気付か
せてくれるとともに、文理双方からの史料の検討が新事実を導き出したとい
う点で文理融合研究の醍醐味を教えてくれる事例である。

4-2　明和7年(1770)のオーロラ

　近世のオーロラにおいて、最も多くの地点で観測されたのが1770年9月
17日(明和7年9月28日)の事例である。観測地点は北海道から宮崎県にまで及
び、その範囲は磁気緯度31度から21.6度にあたる。中国の史書にも観測記
録があり、磁気緯度18度の湖南省洞庭湖で見えており、凄まじい磁気嵐が
発生したことがわかる。明和7年のオーロラを記述した史料は約100点に及
び、その中にはオーロラを描いた絵画史料も存在する。そこで、文字史料と
絵画史料をもとにオーロラの広がりについて分析を行った[21]。

　まず、明和7年のオーロラの状況について最も詳細に記された史料を紹介
しよう。

史料2[22]

　　今夕酉刻より北方之空中赤気有之、遠国若狭之方大炎色可有之旨噂有之
　　処、亥刻過より弥以甚紅色之雲気北方半天銀河之傍ニセまり、中ニ白気
　　直ニ立上リ幾筋共なく子刻過迄同事、忽明忽薄く西方東方ニ掛り半天赤

気ニ相成、赤気之中ニ星も透見白気一筋銀河ヲ貫き丑刻ニ到相納、尤四
方一点之雲なく天気も青きなから右ニ替り星光ハ段々見ゆル也、社中何
も仰望色々論談之処、古来噂も無之天変可畏と之事而已申談也、寅刻ニ
而晴天如是相成也、天変如此、吉事とハ不被存、大旱故之儀歟、然天文
方ニ而ハ可承合事也

　史料２は山城国紀伊郡稲荷村伏見稲荷社(京都市伏見区伏見稲荷大社)の社家羽
倉信郷の日記である。同家は伏見稲荷社の御殿預職を勤め、国学者荷田春満
を輩出したことでも知られる。信郷は漢詩や和歌に秀でた文人で、『稲荷山
十二境図詩』などの著作がある。信郷の記述の特質は一刻ごとにオーロラの
変化を記録している点にある。信郷がオーロラに気付いたのは９月17日(７月
28日)の18時頃であった。22時頃には赤気の動きが激しくなり、その勢いは
銀河に迫るほどで赤気の中から白気が立ち上っていた。この状態が翌日０時
頃まで続き、赤気の中に星が透けて見え一筋の白気が銀河を貫いた。２時頃
になると、赤気の光は弱まり通常の夜空に戻ったという。

　信郷の日記に記されている、赤気のなかに白気が立ち上る様子を描いたと
思われる絵が図２である。この図は『星解』という彗星の解説書に描かれたも
のである。『星解』の著者は寿量院秀尹という人物で、1769年(明和6年)の
メシエ彗星の出現を契機に書きはじめている。内容は、土御門家による彗星
の勘文と考図、過去の彗星の記録、彗星の軌道による占いなどである。本
書は1769年に完成するも、翌年にレクセル彗星とオーロラが出現したため、
これらの現象が追加された。写本は東北大学附属図書館・神宮文庫・松阪市
役所・彦根市立図書館に所蔵されている。

　このオーロラの絵の特徴は山の稜線から放射線状に広がる赤気と白気であ
る。この放射線上に広がる表現は、非常にデフォルメされたものと思われ
がちであるが、このときのオーロラを「扇の骨のごとく中に白き気まじはれ
り」[23]、「扇の地紙之ごとく赤、骨之ごとく白キ筋交リ」[24]と記している史
料もあることから各地で放射上に広がる赤気が見えたことがわかる。表現は

図2 『星解』(松坂市役所所蔵)に見る1770年の
　　オーロラ

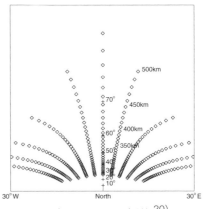

図3　1770年のオーロラの広がり[20]

異なるが、『日本書紀』の推古28年12月1日(620年12月30日)の雉の尾のよう
に見えた赤気も形状は同様であると考えられる。

　史料2をもとに、このオーロラを再現した図が図3で、図2と比較すると
ほぼ同じ形状である。史料2の「白気一筋銀河ヲ貫き」という表現に着目し、
この文言からオーロラが天頂付近まで広がっていると仮定して、京都から見
えるオーロラの見え方を計算した結果が図3である。計算の根拠は以下の通
りである。

　この時期の京都上空では磁力線が約45度傾いているので、オーロラは単
純に磁力線に沿っていたと仮定して、その高さを下端200キロメートル、上
端500キロメートルと設定し、縞の間隔をオーロラの波立つ標準的な距離間
隔で100キロメートルとした。この結果は、磁力線が傾いた緯度の低い地域
では、直ぐ近くまで覆い被さるように迫るオーロラが扇型に見えることを示
唆している。

　また、1770年頃の地磁気極は現在と似ており、西半球に傾いていたため、
京都で斜めに傾いたオーロラが見えたということは、オーロラの光が磁気緯
度24度の天頂まで広がっていたことになる。一般にオーロラが発生する磁
気緯度は65度前後であるので、磁気緯度24度でオーロラが見えるためには

巨大な磁気嵐が発生しなくてはならない。

　磁気嵐の大きさは当時の地磁気の強さに比例するが、その強さは現代と比べてキャリントン・イベントで7%、1770年で14%ほど強いことを考えると、1770年の磁気嵐はキャリントン・イベントよりも規模が大きい可能性もある。

5　異分野融合研究の成果と課題

　最後に本研究を通じて得た成果と今後の課題についてまとめておきたい。

5-1　日本史研究に与えた影響

　オーロラ4Dプロジェクトの成果は以下の3点にまとめられる。先ず第一は、オーロラ現象を示す語彙を確定できたことである。従来の研究では、赤気・白気がオーロラを示す語彙とされてきたが、それは時代毎に異なり、記録の作成者の教養によるところが大きいことがわかった。そして、語彙を確定することで歴史史料からオーロラ現象を特定する方法が確立したことが第二の成果である。その研究手法とは、歴史史料から、(1)離れた2箇所以上の場所での観測記録を見つけること、(2)発生時間が概ね20時から2時までであること、(3)色は赤色であること、(4)発生方向は北ないしは北東であること、この4点を満たした記述を抽出した上で、観測場所の磁気緯度を計算し、観測地点がどのくらいまで南に広がっている明らかにするというものである。明るさや広がりなど、オーロラの特徴を示す記述を見つけだし、人口衛星の情報等と比較することで、文献史学では実証しえないオーロラの詳細な分析が可能になった。ここで重要なことは、日本史研究者が的確な史料批判を行い、精度と確度の高い一次史料を選び出すことである。

　第三の成果には、この研究を通してかつて日本でオーロラが見えていたという歴史事実を明らかにできたことがある。管見の限りでは、これまでにオーロラをテーマにした日本史研究はないため、こうした事実を明らかにすることで新たな史実を提示し、研究分野を創出したと言える。

5-2　双方的な研究の実践

　しかしながら残された課題もある。オーロラ現象を記した史料には、オーロラを目撃した人々の様子を記述した史料も少なくない。その一例を示してみよう。

史料3[25)]

　　七月廿八日夕かた北の空うす赤く、遠方の火事かと沙汰するうちに、次第々々に色こくなり、夜に入て明き事月夜の如し、戌ノ刻比より赤気甚しく、中に竿の如き白筋幾すじも顕れ、半天に覆広がりて西東に広く白気数多し、地一面に真赤なりて、諸人おどろきさわぎ、所の生祠にて神楽をあげ、或は念仏をとなへて生たる心地なし、これハ世がめつしるか、火の雨でもふりはせぬかと屋根に水をかけるも有り、高き所登りてみれハ赤気のうちに物の煮るか音聞ゆに夜明にハ東西へわかつ様にて消えたり

　史料3は尾張藩士高力種信（1756〜1831）が記した『猿猴庵随観図会』の一節である。この史料には図4のようなオーロラを描いた挿絵がある。そこには、オーロラを火事と思い込み、迫り来る火の手から我が家を守ろうと屋根に登って水をかけたり、神仏に祈りを捧げる姿、子供を背負って不安げに空を見つめる村人の姿が描かれている。史料3と合わせると、この絵がオーロラそのものだけではなく、不思議な天変現象に当惑する人々を描くことでオーロラが当時の人々に与えた衝撃を表現していると言える。オーロラを目の当たりにし、恐怖に戦く者がいる一方、現象を分析しようとする者も存在した。以下はその一例である。

史料4[26)]

　　初更之頃より北方之処、当乾方有赤気、須更強盛満北空広数丈、其気仍如炎、（中略）考之、後花園院永享十二年八月十六日天如紅、正親町院天

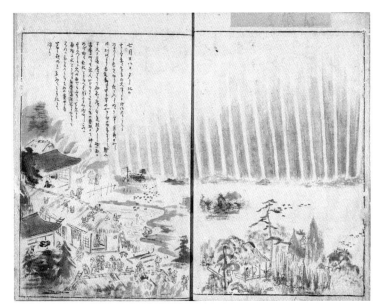

図4 『猿猴庵随観図会』(国立国会図書館所蔵)にみる1770年のオーロラ

正十年正月十五日夜紅気満北天、明正院寛永八年四月十六日至廿一日天
赤如炎、同十二年七月廿六日天赤如火、所見如是

　史料4は近世後期の公家、権中納言野宮定晴の日記である。定晴はオーロ
ラの光の変化とともに、過去の記録をもとに「赤気」が出現した年月日を書き
上げている。定晴と同時代の公家、権大納言柳原紀光も日記の中で『日本書
紀』、『後愚昧記』、『皇年代私記』といった日本の歴史書、及び『晋書』、『資治
通鑑』、『文献通考』等の中国の史書から「赤気」の記述を抽出し、過去の歴史
から天変の発生を分析している。
　史料3と史料4は、自然現象に対する認識が観察者の社会的諸関係に規定
されることを示していると同時に、非常に稀有な現象に対して、神仏に祈る
などの行為や文献を用いた考証を行うことによって、なんらかの意味づけを

行い、社会を安定させようとする動向を見ることができる。こうした日本史研究が得意とする社会の対応や人々の意識に関する考察を科学分析によって導かれた結果とどのように統合していくのかについては今後の課題としたい。

　筆者はオーロラをめぐる歴史には三つの視点があると考えている。第一に「かつてオーロラが日本でも観測された」という意外な事実そのものがもたらす「素朴な歴史」、第二に歴史史料を数値化した情報が示す「客観的な歴史」、そして、第三に史料を読み込むことで見えてくる人の意識や社会の対応という「批判的な歴史」である。この第二の視点と第三の視点は、すなわち客観的な歴史と主観的な歴史ということになるが、この両者を止揚し、文理の双方向的な研究を進めていくことが真の意味での文理融合研究であると考える。

5-3　データベースの整備と活用

　もう一つの残された課題としてあげられるのが、データベースの整備と活用である。本研究において史料の検索には、日本全国の各史料保存機関の検索システムを利用した。オーロラの記述は「日記」史料に多いため、発生年月日を基準に日記の有無を検索し、調査を行った。現状では、一部の機関で史料の画像データベースの公開がはじまっているが、日記史料のようにボリュームの大きい史料については、画像公開が難しい状況にある。津山郷土博物館が行っている延宝9年(1681)から明治元年(1868)までの375冊の津山藩江戸藩邸の日記の画像公開はきわめて貴重な事例である。このため、本研究では、検索システムで日記の存在を確認した後、所蔵館に赴き史料を1点ずつ確認するという作業を行った。また、一部の史料保存機関では冊子体の文書目録しか存在しないこともあり、これらの目録を1冊ずつ閲覧し、史料の有無を確認しなければならなかった。今後、データベース化が進み、史料の内容に関するより詳細な情報が検索システムに反映されれば、調査の効率化をはかることができる。

　日本では現在、古文書のデータベースの統一基準が十分に整備されておらず、各機関がそれぞれの方法で進めている状況にある。このため、当然なが

ら、各史料保存機関が所有する古文書のデータを横断的に検索することはできない。今後、全国の史料保存機関の史料目録及び画像データを統合した横断検索システムが構築されることが望まれる。

こうした課題を解決すると取り組みとして、国文学研究資料館では2014年度から10年計画で「日本語の歴史的典籍の国際共同研究ネットワーク構築計画」実施している。これは国内外の大学などと連携し、「日本語の歴史的典籍」に関する国際共同研究ネットワークの構築を目的として、大学などが所蔵する古典籍約30万点を画像データ化し、国文学研究資料館の「新日本古典籍総合データベース」から順次公開している。天文分野については東北大学附属図書館狩野文庫所蔵の天文書を中心に公開がはじまっており、1770年のオーロラを記した「星解」も公開されている。画像公開が進むことで、関連史料の比較や原本の特定などが比較的容易になることが予想される。これによって、日本史・日本文学以外の様々な分野の研究者の古文書・古典籍の利用が促進されれば、異分野融合研究も新たなステージを迎えることができよう。

6　おわりに

以上、雑駁ではあるがオーロラ4Dプロジェクトの研究成果と今後の課題について述べてきた。歴史的オーロラの解明には文理双方の研究者の協働は欠くことができない。個々のオーロラ現象において、そのとき何が起こっていたのかを明らかにしたいという課題は文理双方の研究者が共有できるものである。

こうした中で歴史学の役割とは何であろうか。前述のように歴史史料のなかのオーロラ表現は観察者の教養によって様々である。史料を読み解くことでオーロラという自然現象に関する言説を分析し、当該期の自然現象の認識のあり方を検証することこそが歴史学の役割であろう。

一方、歴史史料を太陽物理学の手法で分析した場合、史料から読みとった断片的な情報の数値化が可能になり、人工衛星のデータと合わせることで歴

史学の手法のみでは導き得ない歴史事実の実証が可能になる。この数値化された情報と、歴史学が明らかにする人々の意識や社会の対応という数値化しにくい情報をトータルに捉えることが今後の研究の最も大きな課題である。そのためにも時代と地域を超えた歴史研究者の連携と、オーロラ研究に携わる多様な理系の研究者との協働が求められる。自然科学の客観性と人文科学の主観性の統合はとりもなおさず自然と人間の関係を弁証法的に理解することである。その意味で異分野融合研究としての歴史的オーロラ研究はようやく本格的な研究への緒に着いたばかりなのである。

注

1) 湯本貴和編(2011)『シリーズ日本列島の三万五千年——人と自然の環境史　第5巻　森と山の環境史』文一総合出版.

2) この共同研究の成果の一部に、鎌谷かほる・佐野雅規・中塚武(2016)「日本近世における年貢上納と気候変動——近世史研究における古気候データ活用の可能性をさぐる」『日本史研究』(646)がある。

3) 異分野融合による歴史地震研究の取り組みについては、蝦名裕一(2016)「文理融合による災害研究と史料保存」『人間文化研究情報資源共有化研究会報告集』第6集などがある。

4) 本研究に携わったメンバーは以下の通りである。(五十音順)
磯部洋明　岩橋清美　片岡龍峰　河村聡人　鈴木秀彦　武居雅彦　谷川惠一　玉澤春史　寺島恒世　中野慎也　中村卓司　早川尚志　藤原康徳　宮原ひろ子　山口亮　山本和明

5) Kataoka, R., Isobe, H., Hayakawa, H., Tamazawa, H., Kawamura, A. D., Miyahara, H., Iwahashi, K., Yamamoto, K., Takei, M., Terashima, T., Suzuki, H., Fujiwara, Y. and Nakamura, T.（2016）Historical space weather monitoring of prolonged aurora activities in Japan and China, *Space Weather*, **15**(2).

6) Hayakawa, H., Iwahashi, K., Tamazawa, H., Ebihara, Y., Kawamura, A. D., Isobe, H., Namiki, K. and Shibata, K.（2017）Records of auroral candidates and sunspots in Rikkokushi, chronicles of ancient Japan from Early 7th century to 887, *Publications of the Astronomical Society of Japan*, **9**(6).

7) Hayakawa, H., Iwahashi, K., Tamazawa, H., Isobe, H., Kataoka, R., Ebihara, Y., Miyahara, H., Kawamura, A. D. and Shibata, K.（2016）East Asian observations of low-latitude aurora during the Carrington magnetic storm, *Publications of the Astronomical Society of Japan*, **68**(6).

8) Kataoka, R. and Iwahashi, K.（2017）Inclined zenith auroura over Kyoto on 17 September 1770: graphical evidence of extreme magnetic storm, *Space Weather*, **15**(10).
Hayakawa, H., Iwahashi, K., Enihara, Y., Tamazawa, H., Shibata, K., Knipp, D. J., Kawamura, A. D., Hattori, K., Mase, K., Nakanishi, I. and Isobe, H.（2017）Long-lasting extreme magnetic storm activities in 1770 found in historical documents, *The Astrophysical Journal Letters*, **850**(131).

9) Hayakawa, H., Ebihara, Y., Vaquero, J. M., Hattori, K., Carrasco, V. M. S., de la Cruz Gallego, M., Hayakawa, S., Watanabe, Y., Iwahashi, K., Tamazawa, H., Kawamura, A. D. and Isobe, H.（2018）A great space weather event in February 1730, *Astronomy and Astrophysics*, **616**(A177).

10) 国友一貫斎の太陽黒点観測に関する研究としては、久保田諄・鈴木美好(2003)「国友藤兵衛の太陽観測と望遠鏡」『大阪経大論集』**54**(1)などがある。

11) 大辻賢一(2019)「天保年間における太陽黒点観測データのコンテンツ化」『第5回歴史的記録と現代科学研究会集録』国立天文台.

12) 岩橋清美・玉澤春史(2019)「異分野連携研究における研究基盤データの構築への市民参加の可能性——参加型ワークショップ「古典」オーロラハンターを事例として」『Stars and Galaxies』**1**.

13) 神田茂編(1978)『日本天文史料』原書房.

14) 大崎正次編(1994)『日本近世天文史料』原書房.

15) 渡邉美和編(2007)『続日本近世天文史料　暫定版』私家版.

16) 財団法人冷泉家時雨亭文庫編(1993)『冷泉家時雨亭叢書　第56巻　明月記1』朝日新聞社, 511〜512.

17) 富士市教育委員会編(1989)『富士郡今泉邑宝鑑往古抜差』富士市教育委員会、567〜568.

18) 黒板勝美編(1991)『新訂増補　国史大系　徳川実紀　第4篇』吉川弘文館, 69.

19) 本研究チームのキャリントン・イベントに関する研究としては前掲注7と、早川尚志・岩橋清美(2017)「東アジアの歴史書に記録されたキャリントン・イベント」『天文月報』**110**(7)。本章はこれらをもとに記述した。

20) 岩橋清美・片岡龍峰(2019)『オーロラの日本史』平凡社

21）　本章の1770年のオーロラについては、前掲注8をもとに記述した。

22）　「明和七年　日譜」（東丸神社所蔵）.

23）　安藤精一監修, 田辺市教育委員会編（1992）『清文堂史料叢書　第47刊　紀州田辺
万代記　第4巻』清文堂出版, 496.

24）　大田南畝「半日閑話」『大田南畝全集　第11巻』浜田義一郎編（1998）, 岩波書店,
343.

25）　高力種信『猿猴庵随観図会』（国立国会図書館所蔵）.

26）　明和七年「定晴卿記」（宮内庁書陵部所蔵）.

第9章

東京大学工学史料 キュレーション事業の展開

工学・情報理工学図書館を実例に

市村櫻子

　本章では、東京大学工学・情報理工学図書館が取り組んでいる「東京大学工学史料キュレーション事業」の現状と課題について紹介する。

1　「東京大学工学・情報理工学図書館」の沿革

　東京大学附属図書館は、総合図書館、駒場図書館、柏図書館、部局図書館の30からなる。その部局図書館の一つである工学・情報理工学図書館(以下、当館)は、現在10の図書室で構成されている[1]。

　東京大学の工学部には二つの源流がある。1871年工部省に設けられた工業教育機関である工学寮、その後進である1877年からの工部大学校と東京大学理学部(工芸学部)である。工部大学校には「書房」という名の工学専門の大学図書館が、東京大学理学部(工芸学部)には法理文三学部図書館があり、どちらも当時の日本の最高水準の蔵書を持っていた。二つの大学は1886年に合併して(東京)帝国大学工科大学となった。1893年までは工科大学書房という名の附属図書館分館が工科大学にあったが、この分館は附属図書館に統合され、工科大学独自の図書館はなくなった[2](図1,2)。

　その後、工科大学(1919年に工学部と改称)では蔵書が増えるとともに各学科

図1 蔵書印「工学寮図書印」

図2 蔵書票「工部大学校書房」

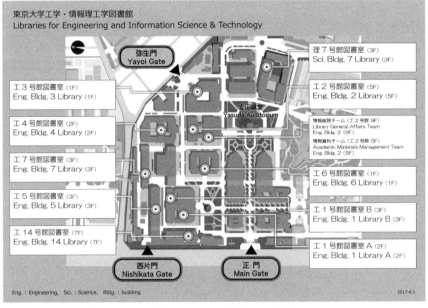

図3 東京大学工学・情報理工学図書館を構成する各図書室の配置図

の図書室が充実し、学科図書室ごとに様々な図書館サービスを行ってきた。1992年の工学部の大学院化とともに学科図書室は専攻図書室となり、それぞれ個別運営により学部生・大学院生・教職員への質の高いサービスを引き続き行ってきた。

　2006年4月に12の専攻図書室を事務組織として統合し「東京大学工学・情報理工学図書館」が発足した。その後の図書室の統合等により、現在、当館を構成する10の図書室(図3)は、工学系・情報理工学系等情報図書課(以下、当課)という事務部の一組織(課長1、情報総務チーム[係長1、事務補佐員1]、情報資料チーム[係長1、事務補佐員3]、情報サービスチーム[係長1、主任2、一般職員6、事務補佐員11])(表1)として、利用規則の統一、開室時間の延長等、様々な図書館サービスの拡大を実現しつつ、担当する専攻特有のニーズに対応して、きめ細かな利用者サービスを追求しながら、一つの図書館組織として、これまでよりもさらに質の高いサービスをめざしている。

　そのような歴史から、当館には工学・情報理工学分野の最新の蔵書とともに、工学部の長い伝統を反映して、明治初期の卒業論文や御雇い外国人教師の旧蔵書、旧教官の留学時代の自筆ノート、江戸時代の絵図等、様々な貴重な資料が所蔵されている。

表1　東京大学工学・情報理工学図書館の事務組織

情報図書課の構成（チーム名等）		*	所在
情報図書課長		1	工2号館9階
情報総務チーム		1(1)	工2号館9階
情報資料チーム		1(3)	工2号館5階
情報サービスチームは、次の図書室に分かれる			
図書室名	担当学科・専攻：工学部／工学系研究科／情報理工学系研究科		
工1号館図書室A	社会基盤学科／社会基盤学専攻	1(1)	工1号館2階
工1号館図書室B	建築学科／建築学専攻	1(1)	工1号館3階
工2号館図書室	機械工学科、機械情報工学科、精密工学科、電子情報工学科、電気電子工学科／機械工学専攻、精密工学専攻、電気系工学専攻、総合研究機構／電子情報学専攻、知能機械情報学専攻　／VDEC、他	1(3)	工2号館5階
工3号館図書室	システム創成学科、応用化学科、化学システム工学科、化学生命工学科／システム創成学専攻、原子力国際専攻、技術経営戦略学専攻、原子力専攻、応用化学専攻、化学システム工学専攻、化学生命工学専攻	1(2)	工3号館1階
工4号館図書室	マテリアル工学科／マテリアル工学専攻	1	工4号館2階
工5号館図書室	応用化学科、化学システム工学科、化学生命工学科／応用化学専攻、化学システム工学専攻、化学生命工学専攻、バイオエンジニアリング専攻	1(1)	工5号館3階
工6号館図書室	物理工学科、計数工学科／物理工学専攻／　数理情報学専攻、システム情報学専攻、創造情報学専攻	1(1)	工6号館1階
工7号館図書室	航空宇宙工学科／航空宇宙工学専攻	1	工7号館3階
工14号館図書室	都市工学科／都市工学専攻	(2)	工14号館7階
理7号館図書室	／／コンピュータ科学専攻／理学部情報科学科	1	理7号館3階

＊職員数。( )内は事務補佐員

　　　　　 ―第3部　自然史・理工系研究データの学際的利用

2　東京大学工学・情報理工学図書館運営委員会

　当館の運営方針等は、2006年の当館の組織発足以来、東京大学工学・情報理工学図書館運営委員会(以下、運営委員会)で決定する。運営委員会は、工学系、情報理工学系等の各専攻または系から推薦された教員18名により構成され、2018年度からは年二回の開催である。

　2009年度、運営委員会内に教員8名による図書館将来構想専門委員会が設置され、2010年1月に、「工学・情報理工学図書館の将来像について(提言)」(以下、提言)が作成された。ここで、今後の当館整備のあり方が「1. 組織・システム」、「2. 教育の支援」、「3. コンテンツの充実と提供」、「4. 情報発信」として示され、「4. 情報発信」には、次のことが記されている。

(1)　広報メディアとしての図書館

　図書館を工学部、工学系・情報理工学系両研究科の広報メディアとして位置づける。例えば高校生に対する図書館ツアーを恒常的に実施したり、研究成果等を図書室に常設展示することが広報に効果的である。広報室と連携しつつ、学生スタッフの活用も検討する。【短期的課題】

(2)　電子化コレクション

　図書館蔵書の内貴重な資料を選択的に電子化することにより、市民からもアクセスできる魅力あるコレクションを構築し、本学の社会貢献に資する。【中・長期的課題】

(3)　博物館的機能の実現

　文献と「もの」(研究開発された装置・製品等の実物資料)をセットにした博物館的展示が広報的にも効果的であり、産学連携をも視野に入れ、リアルな展示だけでなく、仮想ミュージアム機能の実現を図る。これらの活動は、Tラウンジ(工学部11号館講堂、2020年1月30日より東京大学工学部HASEKO-KUMA HALL)での展示等を担当している広報室との協力・連携のもとに展開する。【中・長期的課題】

(4) 資料保存スペースの確保

工学史・科学技術史として貴重な資料は、図書館として確実に保存する
必要がある。これらの資料の一時保管と長期保存のための書庫スペース
を確保する。長期保存スペース確保に当たっては、学内の理工系部局と
協働して検討する。【短期的課題】

(5) 研究成果の発信

図書館は、研究成果の視認性を高めるため、散在している研究成果の
データを収集、再編成して公開する。GCOE等各種プロジェクトのリア
ルタイムの活動内容を社会に広く発信し、終了したプロジェクトの成果
をアーカイブする。コンテンツの登録には、学術機関リポジトリの活用
も視野に入れる。【中・長期的課題】

図書館が提供している学位論文論題データベースについて、収録対象範
囲を拡張するほか、工学部、工学系研究科ホームページ上の論文アーカ
イブの概要データ、学術機関リポジトリの全文データとのリンクを構築
する。【短期的課題】

3　工学史料キュレーション事業

2013年度第3回の運営委員会において、「工学史料は貴重なものであるに
も拘わらず、散逸の危機にある。来年度にも準備会を作り、少しでも工学史
料の整理をすすめたい」との意見があり、工学史料の所在調査を進める「工学
史料キュレーション」が、運営委員会引継事項に追加された。

翌2014年度の運営委員会において、当館内に関連専攻の教職員を中心と
した「工学史・工学史料調査研究WG（Working Group）」（以下、調査研究WG）を設
置することが提案され、承認された。調査研究WGは、教員1、技術専門職
員1、課長1、係長3、一般職員1で構成され、業務は次のとおり示された。

　・目的：「工学史」を作成するための基礎作業を行う

　・構成員：教職員（教員、技術職員、図書職員、他）

　　　　　大学院生も協力者として参加可能
　　　　　他部局教職員・大学院生、学外者も協力者として参加可能
　　　・作業：(1)基礎資料の調査・集積・保存
　　　　　　　(2)工学基礎データベースの試験的作成

　2015年度末に、図書室で所蔵している旧制大学の卒業論文等についての調査が完了したため、調査研究WGは解散した。

　2016年度から、当館事業の課題解決のため、テーマごとに図書職員自薦による課内ワーキング・グループ(以下、課内WG)を複数作っている。これらの課内WGは、課題テーマごとに図書室の枠を超えて連携する作業体制を作ることにより、職員が持つ知識、情報、技術を互いに伝えつつ、業務を進めることを目的としている。それぞれの課内WGのメンバーは年度によって若干異なるが、課長1、係長3、主査1、一般職員1〜2の継続と事務補佐員1〜2の参加がある。

　課内WGの一つに工学史料キュレーションWG(以下、工学史料WG)がある。工学史料WGでは、現在進めている工学史料キュレーション事業の作業方針を話し合い、定期的に進捗を確認するとともに、目録作成、資料の保存作業等の実務を各図書室で進め、その成果を運営委員会に報告する。

　また、工学史料WGでは、現職の図書職員のみでは、資料の価値判断が難しいため、工学史料として、これから目録を作成する資料、または既に目録を作成し、これからデジタル化、公開する資料について、その価値を知るために、毎年複数回、資料見学会を実施している。そこには、これまで工学史料キュレーション事業に関わった名誉教授はじめ、学内では人文社会系研究科、総合文化研究科、地震研究所、史料編纂所、文書館、博物館等の関係する教員、研究者たちの参加がある。

　なお、工学史料の収集については、2016年度から工学系・情報理工学系等事務部情報ポータルサイトを利用し、学生・教職員対象を対象に定期的に学術資産の所在情報について照会をかけている。加えて、当館主催の展示等

のポスターによる呼びかけにより、当館に学術資産となる資料、機器類の寄贈がある。また寄贈されないまでも、研究室に残る学術資産となる古い機器の存在が報告され、その内容は当課で更新する学術資産リストに都度、記録している。

4　基礎資料の調査・集積・保存

　2014年度の運営委員会資料に基づき、以下のとおりとしている。対象は、書籍、資料、卒業論文、調査実験資料、実習報告、成果、実験器具、モデル、模型、試作品、製品他と多岐にわたる。これら多種のものの所在確認、確保、目録作成・公開を目指し、これまで各専攻で大切にしていたもの、大切と思うがどうしてよいか判らず放置されていたもの、処分に困っていたもの等を「史料化」し、保管場所の確保、公開方法の検討を進める。

4-1　過去の図書

　明治期の英文教科書等、関東大震災以前に受け入れた図書等、東京大学OPAC（Online Public Access Catalog：オンライン蔵書目録検索システム）に未登録のものを指す。

　各号館図書室において、日々の業務として遡及入力を行う他、2017年度は全学遡及入力事業に参加し1,556冊の目録を登録・公開、2018年度は独自で遡及入力を外注し2,000冊の目録を登録・公開した。2020年度は全学遡及入力事業に参加し、約1,500冊を登録・公開する予定である。このような形で、東京大学OPACで検索できる資料を増やしている。

　未登録として残っていた大きな塊としては、過去の建物改修工事や引越等のため、段ボール箱につめられたままになっていた資料（約500箱）を、2019年3月に開梱してほこりを取り、元の図書室に移動・配架することを外注で実施した。現在は、当該図書室職員と情報資料チームによって、順調に遡及入力を進めている。

また、図書館での目録登録では記録しきれない各資料の状態等を記録するため、アーカイブ目録への切り替えと、後述する工学史料キュレーションデータベースでの公開等も検討している。

　しかし、過去の図書の目録登録作業以前に、利用頻度が落ちた図書等、古い図書の価値や複本の扱い等が個々の図書職員の判断となり、除却という図書館業務により、廃棄されがちな現状がある。工学史料キュレーション事業を進める上で、図書職員が図書(資料)の歴史的価値を知る機会を作ることは、大きな課題だと考えている。資料見学会以外にも、職員研修を含め考えていかなくてはならない。

4-2　教育成果物

　学位(卒業、修士、博士)論文、卒業制作、実習報告、講義ノート、試験問題を指す。

4-2-1　旧制大学期の卒業論文、実習報告について

　2014年度の調査研究WGの活動方針は、図書室が所蔵する東京大学成立(1949年5月)以前の工学部の学位論文の所蔵調査、デジタルリスト作成を進めることであった。それに基づき、2015年度、当館所蔵旧制大学期の卒業論文、実習報告(1879〜1949)の目録約12,500件をExcelでリスト化している。

　2016年度は、その成果であるExcelでリスト化した当館所蔵旧制大学期の卒業論文、実習報告(1879〜1949)の目録データを東京大学学術機関リポジトリ UTokyo Repositroy にて公開した[3]。

　また、目録データの公開に続き本文公開のため、工3号館図書室、工4号館図書室所蔵の旧制大学期の卒業論文、実習報告の一部の電子化をはじめた。

　2017年度は、現在の博士論文の公開同様、旧制大学期の卒業論文、実習報告も UTokyo Repository での目録と本文公開を予定し、附属図書館学術資産アーカイブ化推進室と調整をしたが、以下の理由でUTokyo Repository では、本文公開の見込みがつかなくなったため、独自に「工学史料キュレー

ションデータベース」の構築を計画することになった。

　（1）現行のUTokyo Repository公開許諾書の内容は、著作者本人から許諾を取得することが前提のため、既に故人の著作者が大部分であるアーカイブズ公開にそぐわず、附属図書館と情報システム部情報基盤課学術情報チームデジタル・ライブラリ担当にはアーカイブズを前提にした公開許諾書改訂の予定はない。
　（2）また、学術資産アーカイブの許諾は、資料の所蔵元である東京大学の各部局が取ることになるので、工学・情報理工学図書館長宛てとして当館（部局図書館）がとった許諾は、東京大学全体（附属図書館長）や他部局へは適用できない。

　この状況を工学系・情報理工学系等の事務部長に相談し、「工学史料キュレーションデータベース」の独自構築の了解を得られた。次にその構築を外注か、研究ベースかの2方向を探りつつ、まず、UTokyo Repositoryでの本文公開で課題となった公開許諾の内容について、工学史料WGメンバーは本部産学連携法務チーム及び知的財産部へ相談し、「工学史料キュレーションデータベース」Web上公開のための「著作物利用許諾書」を新たに作成した。
　この時の本部産学連携法務チームからの助言「旧制大学期の卒業論文は未公表の著作物のため、著作者の死後50年経過して著作権が消滅したものでも著作者人格権を尊重すべきであり、ご遺族に許諾をいただくことが望ましい」に基づき、関係各所のご協力のもと、ご遺族へ連絡した結果、著作物の利用許諾をいただくことができている。
　そのような作業を進める中でも、UTokyo Repositoryで目録を公開した結果、旧制大学期の卒業論文、実習報告の閲覧や複写の問い合わせが増えた。
　特に、2018年に閲覧や複写の依頼が集中した工5号館図書室所蔵の資料については、工学史料WGメンバーと当該図書室職員で集中的にアーカイブ用のコンディションチェックを実施し、書誌事項の間違いや資料の状態につい

て、記録することができた。

4-2-2　戦前、戦後の紀要について

戦前、戦後の紀要目録をExcelでリスト化し、現在は工学史料キュレーションデータベースで公開している。本文公開にむけて、オプトアウト方式が取れるか等を部局内関係部署へ相談する準備を進めている。

4-2-3　講義ノート、試験問題について

2017年度に土木学会の紹介で、工1号館図書室Aへ1915年東京帝国大学工科大学土木工学科卒業生の講義ノートや蔵書の寄贈を受けた。小川千代子先生、森本祥子先生のアドバイスをいただき、当館独自の簡単なアーカイブズ目録様式を作成した。当該図書室では、資料のドライクリーニング作業、目録作成、防カビ・防虫 のための無酸素処理を行い、書庫に保存している。この目録は、当館HP で公開されており、将来的に工学史料キュレーションデータベースでの目録・本文公開を目指している。

2019年度は、工2号館図書室が2012年度に生産技術研究所経由で寄贈を受けた、1916年東京帝国大学工科大学機械工学科卒業生の講義ノートの資料見学会を開催し、教員たちのアドバイスに基づき、電子化・公開を進めている。また、2010年の工3号館改修工事の時から、工3号館図書室が柏図書館に預けていた旧船舶工学科関係資料は、2018年に工5号館共通書庫へ移動した。その講義ノート類は、安達裕之名誉教授へさらに詳細な目録作成を依頼している。そして、どちらもデジタル公開を進めている。

4-3　研究成果物

研究のために収集されたもの、生産されたもの、産業機械、試作品、模型を指す。

2018年、工14号館図書室所蔵の高山英華文庫の関係資料である地図の目録作成を、工学史料WGメンバーと当該図書室職員とで進めた。白地図以外

のものの目録は完了しており、今後、保存や公開について、関係教員との調整を進める予定である。

　また、前述した学術資産の所在情報の照会の結果、これまでに次の寄贈を受け、展示を実施した。

　　・2017年、情報理工学研究科より、「プロセッサ作製実験基板」「お茶の水シリーズ」等、コンピュータボード等の寄贈を受け、展示を実施[4]。
　　・2019年1月、情報理工学研究科、工学部機械情報工学科情報システム工学研究室より、ヒューマノイドロボット「腱次」、3月にヒューマノイドロボット「腱臓」の寄贈を受け、工2号館図書室にて常設展示[5],[6]。

　2019年、工2号館図書室が管理する工8号館書庫から1,000点を超える舶用蒸汽機関と機関車用蒸汽機関の図面を発見した。目下、整理を進めている。これらの図面についても、工学史料キュレーションデータベースへの追加を計画している。

　なお、図4については、安達名誉教授から、次の解説をいただいている[7]。

　　蒸汽機関の図面を関連図書で目にする機会には事欠かないが、原図を目にする機会は極めて稀である。折り本にした舶用蒸汽機関の図面の表紙には往々にして千歳、富士、龍田、和泉、吉野等の艦名が記されている。これらの図面がここにある理由として考えられることは2つ、1つは軍艦の舶用機関のほうが商船よりも高性能であること、他は海軍が東京帝国大学工科大学の学生を選抜して、優秀な学生に奨学金を支給し、卒業後、任官させていたこと。この図面は、1897年に海軍が米国ユニオン鉄工所に発注した二等巡洋艦千歳のボイラー関連の図面で、図面中央下に監督官として派遣され、竣工3日後の1899年3月4日に図面を受

領した造船小技士和田垣保造の署名がある。なお、和田垣は1890年7月の造船学科の卒業生。

　2020年1月、土木学会経由で吉田徳次郎博士関係資料として、段ボール73箱を受け入れた。外注によりドライクリーニングと保存袋への詰め替えを実施し、工1号館図書室Aの貴重書庫へ移した。今後は、これまで資料整理を進めてきた研究者や社会基盤学専攻と連携して、より専門的な整理を進める予定である。

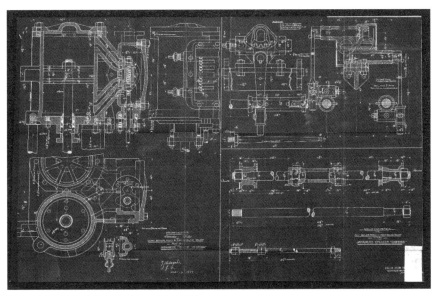

図4　二等巡洋艦千歳のボイラー関連の図面

4-4　元教員関係の史料群

　古市公威、ウェスト等の講義ノートと関連資料を指す。

　古市公威文庫は、工1号館図書室Aの貴重書庫にあり、目録は当館HPにて公開されている。今後の公開等については専攻との調整が必要である。

また、ウェスト等の講義ノートは、工2号館図書室が管理する工8号館書庫に保管されているが、この場所は狭く、環境が良くない。2019年夏から資料や書架のほこり取りを開始し、資料調査と環境整備を進めている。

4-5　その他
　実験装置、ガラス乾板等を指す。
　当館所蔵のガラス乾板には、まだ手がつけられていない。一方、2019年7月に橋梁研究室から工1号館図書室Aへガラス乾板等の資料の整理、保存の方法について相談を受けた。当該図書室職員と工学史料WGの係長が現地へ現物確認に行き、資料の整理、保存、利活用について提案を行っている。今後、社会基盤学専攻と当課が協力して、資料保存・整備が実現できるよう進めていきたい。
　また、工学史料WGメンバーは、東京大学史料編纂所画像史料解析センターが主催する写真資料等への研修へ参加し、知見を広げる努力をしている。

5　展示、トークイベントの開催

　提言にある「(3)博物館的機能の実現」に基づき、展示ケースを持つ工2号館図書室で次のとおり工学史料等の展示を行っている。

5-1　資料の展示
　田嶋記念大学図書館振興財団からの寄付により、2011年6月に工2号館図書室へ展示ケースが整備され、ここから展示事業がスタートした。

2011年度〜2014年度——東京大学工学部の歴史関係資料の展示1

工部大学校 calendar（1878-1879）【ゼロックス版】
帝国大学一覧（明治 28-29 年）
丁友会報 第 25 号（皇紀 2600 年紀念号）（昭和 15 年 7 月）
丁友会報 第 22 号（昭和 13 年 12 月）
工学は何をめざすのか―東京大学工学部は考える / 中島尚正編、東京大学出版会（2000）
東大電気工学科のあゆみ（諸先生のおもかげ / 東京大学電気電子工学科同窓会編 ; 第 2 集（1983）
船舶工学科の百年 / 東京大学工学部船舶工学科百年記念会実行委員会［編］、東京大学工学部船舶工学科（1983）

2015年度〜2016年度——東京大学工学部の歴史関係資料の展示2

工部大学校 calendar（1878-1879）【ゼロックス版】
帝国大学一覧（明治 28-29 年）
工学部教職員アルバム（昭和 34 年 5 月）
第 80 回工学部卒業記念アルバム（昭和 33 年 3 月）
東京大学大学院工学系研究科・工学部自己評価・外部評価報告書 /［東京大学大学院工学系研究科・工学部編］、東京大学大学院工学系研究科・工学部（2000）【冊子版】
東京大学大学院工学系研究科・工学部自己評価・外部評価報告書 /［東京大学大学院工学系研究科・工学部編］、東京大学大学院工学系研究科・工学部（2000）【CD-ROM】
新しい工学部のために―工学部討議資料 / 森口繁一編（東大問題資料 ; 4）、東京大学出版会（1969）
工学部の研究と教育：工学部討議資料 / 森口繁一編（東大問題資料 ; 5）、東京大学出版会（1971）

5-2 デジタル展示

　2014年度、公益財団法人 JFE21 世紀財団の協賛により、工 3 号館図書室が所蔵する鉱山関係史料をデジタル化し、『鉱山絵図・絵巻コレクション画像データベース』として公開した[8]。

2019年9月には、2018年度の五月祭の時にマテリアル工学専攻により制作され、当館に寄贈された動画「絵巻 先大津阿川村山砂鉄洗取之図」を、大学総合教育研究センターのプラットフォームを使うことにより公開した[9]。

5-3　図書以外のモノの展示の開始

2016年度は、工学・情報理工学図書館発足10周年記念イベントとして、「当館のプレゼンスをあげる」、「工学史料のショーウインドウになる」ことをめざし、図書以外のモノの展示、トークイベントを開始した。以降、当館のイベントシリーズとして継続実施している。

記念イベントの計画は次のとおりである。

記念イベントのテーマは「工学史」とし、日本の工学教育・研究に深く携わってきた当館の位置づけを明確にすることを目的とする。

イベント開催にあたっては、当館はもとより東京大学の学術情報基盤である博物館、文書館の協力を得て、資料展示を行う。また、東京大学等の研究者の協力を得て講演会等の開催を予定した。

イベントの柱は、(1)企画展示、所蔵資料展示等、(2)講演会、サイエンストーク等とし、イベント開催のコンセプトを、(1)インターキャンパス、イントラキャンパスの連携環境を作る、(2) MLA（博物館（Museum）、図書館（Library）、文書館（Archives））連携の小さいモデルを作ることとした。

また、2018年度からは、工学史料キュレーション事業の成果の広報として、電子化した資料、目録を作成しこれから公開を予定する資料の展示も進めている。

なお、2016年度以降の展示等イベント開催実績は、次のとおりである。

図5　第1回企画展示「東大生と歩んだ測
　　量機器」

図6　トークイベント1「近代測量史への
　　旅」

2016年度

第1回企画展示「東大生と歩んだ測量機器──歴史的価値の再発見」 （2016年8月1日〜12月26日／工2号館図書室）[10]（図5）
所蔵資料展示「故きを温ねて新しきを知る測量展」 （2016年8月1日〜10月7日／工1号館図書室A）
所蔵資料展示「国土都市環境を図化する──測量と地理情報システム （GIS）」（2016年8月1日〜10月31日／工14号館図書室）
トークイベント1「近代測量史への旅──ゲーテ時代の自然景観図から明治 日本の三角測量まで」（2016年12月16日／工2号館図書室）[11]（図6）
第2回企画展示「西洋建築に夢を見た──大工道具にみる西洋建築の受容」 （2017年1月10日〜8月／工2号館図書室）[12]
特別展示「ベハイムの3Dデジタル地球儀：歴史的文化遺産のデジタルアー カイブ──後世への情報伝達」（2017年1月10日〜3月24日／工2号館図書室）[13]
トークイベント2「フランス国立図書館との共同プロジェクトとDNPのデ ジタルアーカイブの取り組み」（2017年2月16日／工2号館図書室）[14]

| 図7　特別展示「青春の機械工学」 | 図8　トークイベント4「田中家と工学主義」 |

2017年度

トークイベント3「海を渡った大工道具——工部大学校の教材となった西洋の匠の道具達」(2017年6月29日/工2号館図書室)[15]
特別展示「青春の機械工学——工学部・工学系研究科所蔵資料で紐解く草創期の学び」(2017年4月3日〜8月31日/工2号館図書室)[16](図7)
トークイベント4「田中家と工学主義——林太郎・不二の仕事を中心に」(2017年10月12日/工2号館図書室)[17](図8)
展示「コンクリート混凝土Concrete展」(2017年7月6日〜8月18日/工1号館図書室A)[18]
展示「都市工教員著書コーナー」(2017年7月20日〜2018年3月31日/工14号館図書室)(2018年度に常設コーナーとなった。)[19]
展示「平木敬先生が語る　学生たちと創ったコンピューター」(2017年9月1日〜12月26日/工2号館図書室)[20]
展示「構造折紙展」(2018年1月9日〜6月29日/工2号館図書室)[21]
【レクチャー】Lectures on Computational and Structural Origami 計算折紙構造折紙講義(2018年1月22日/工学部2号館4階242室)[22]

図9　展示「長距離送電線、発電所建設の
　　　記録」

図10　展示「鉄と金」

2018年度

展示「長距離送電線、発電所建設の記録——大正十三年の写真帖から」 （2018年8月1日～10月31日／工2号館図書室）23)（図9）
展示「蔵前橋工事写真展」 （2018年10月17日～12月26日／工1号館図書室A）24)
展示「鉄と金——帝国大学採鉱及冶金学科の教育資料が伝えるもの」 （2018年11月8日～2019年1月31日/工2号館図書室）25)（図10）
小展示「写真で見る明治から昭和初期の採鉱及冶金学科」 （2018年2月4日～2月7日/工2号館図書室）26)
展示「第一高等学校旧蔵資料　教育用掛図　鉱山借区図　工部省鉱山課編」 （2019年2月28日～8月31日/工2号館図書室）27)
常設展示ヒューマノイドロボット「腱次」 （2019年1月～/工2号館図書室）28)
常設展示ヒューマノイドロボット「腱臓」 （2019年3月～/工2号館図書室）29)

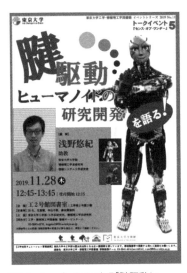

図11　トークイベント5「腱駆動ヒュー
　マノイドの研究開発を語る！」

図12　展示「澁澤元治」

2019年度

展示「野呂景義展──日本鉄鋼協会創立者とその蔵書」 　　（2019年9月2日〜11月29日／工2号館図書室）[30]
オープンアクセスウィーク講演会「私達の問題として考えるオープンアク 　セス」（2019年10月23日／東京大学総合図書館ライブラリープラザ）[31]
トークセッション「学術におけるデジタルアーカイブの可能性──工学史の 　事例から」（2019年11月22日／東京大学総合図書館ライブラリープラザ）[32]
トークイベント5「腱駆動ヒューマノイドの研究開発を語る！」 　　（2019年11月28日／工2号館図書室）[33]（図11）
展示「澁澤元治　卒業論文と実習報告　於、小田原電気鉄道・石川島造船 　所」（2020年1月7日〜4月30日／工2号館図書室）[34]（図12）

6　資料保存のための環境整備

　現在、当館の各図書室では、閲覧室の書架に最新の図書と工学史料に指定できるような古い図書が混配されており、古い図書にとって決して良い状況ではない。

　また、貴重書庫を持つ図書室でも、その部屋が特に耐震耐火となっているわけではないため、2020年度概算要求で「貴重な文化財となる図書等資料のための耐震耐火機能付き書庫」を要求したが、採択されなかった。現状では、これまでに以下の対応をとっている。

6-1　規則の見直し

　2017年度第3回運営委員会において、「工学・情報理工学図書館貴重資料利用規則」を廃止し、新たに「工学・情報理工学図書館貴重資料等利用規則」、「工学・情報理工学図書館貴重資料等指定規則」を制定した。これにより、貴重資料等の指定と利用についての運用を統一した。

　2018年度の東京大学工学系・情報理工学系等事務部組織規程の見直しでは、今後も図書館業務として実施できるよう、「第5条　情報図書課においては、次の事務を行う。」に「(4)工学史料キュレーション事業に関すること。」を追加した。

6-2　書架の増設

　2018年に理学部から書架を譲り受け、工5号館共通書庫(南側)に設置した。この部屋は空調はあるが、貴重書を入れるほどの環境にはないので、まずは、各号館図書室にスペースを案分して、各図書室の書架狭隘化を少しでも改善できることを期待している。

　また、資料保存用の中性紙保存箱、モルデナイベ(防カビ・殺虫が簡単にできる無酸素パック)の利用により、少しでも貴重書庫の環境に近い形で資料が保存できるよう整備を進める予定である。

6-3　書庫の環境調査と対応

2018年10月から、日常は人の出入りのない書庫を持つ5つの図書室(工1号館図書室A、工2号館図書室、工5号館図書室、工7号館図書室、理7号館図書室)の書庫に虫害トラップを置いて調査を開始した。これまでも「虫を見た、カビくさい」等の報告は受けていたので、まず、現状を具体に確認し、その対応を当課職員全員が問題意識として共有することを目的に実施している。その結果、書庫内にいる虫を把握し、対応を進め、虫は確実に減ってきた。

対応の一例としては、「防カビ用アキパEX」を1日2回散布する他、書庫内に虫をいれないよう、書庫等のドアへ虫除けブラシを設置した。また、調査等で教員の立ち入りが多い書庫には、出入口に「塵埃粘着マット」を敷設している。

6-4　新たな保存場所の確保

図書室とは別に書庫スペースを持つ図書室でも、書架等収蔵スペースが不足してきている。これまでは、各専攻の先生方へ各図書室から、貴重書等の新しい収蔵スペースの確保を依頼してきたが、話は進んでいない。そのため、2019年度後半に、情報図書課として浅野地区工12号館別館の一部屋(49m²)を確保した。清掃後、書架を設置し、図書等資料を置く形はできた。温湿度を計測したところ、湿度の変動が見られるため、現在、その対応を進めている。

また、工学系研究科執行部のスペース担当の教授に、貴重書(工学史料)を収納できる貴重書庫スペースの確保について、相談を開始している。

6-5　ブックスキャナーの購入

2018年、工学系研究科の支援によりブックスキャナー(Bookeye4 V2 Professional 600dpi)を購入した。業者からの操作説明を受け、機器操作の練習を経て、2019年8月より、資料の形態や状態を判断しつつ、当課職員による工学史料のデジタル画像データの内製をはじめている。

7　遺産の認定

　2013年度に、理7号館図書室所蔵資料「パラメトロンアーカイブス」が情報処理学会「情報処理技術遺産」に認定された[35]。

　また、2016年度は、工2号館図書室所蔵資料「JIS FŌRTRAN入門：HARP 5020に即して」[36]が情報処理学会「情報処理技術遺産」に認定された（2017年3月16日の情報処理学会全国大会において認定証授与）[37]。

　この時、工2号館図書室所蔵のものを保存版とし、閲覧用を確保するため、学内で複本を探したが、すでになく、個人からの寄贈を探している。図書館での実用書の保存の難しさを実感した。

8　工学史料キュレーションデータベースの公開

　東京大学工学史料キュレーション事業の最新の大きなトピックとして、2019年3月1日に、工学史料キュレーションデータベースを公開したことをあげたい[38]。

　このデータベースは、2011年度から運営委員会のもと進めてきた東京大学の工学の学術資産を収集・保存する工学史料キュレーション事業の成果を公開するプラットフォームである。

　将来的には2014年度の運営委員会で提案された「作業：(2)工学基礎データベースの試験的作成」に続くものになれば良いと考えている。

　データベースの構築は、平賀譲デジタルアーカイブ構築の実績がある、東京大学情報基盤センターデータ科学研究部門中村覚助教へ作成を依頼した。

　この工学史料キュレーションデータベースは、以下の特徴を持つ。これまでに公開許諾をいただき、電子化が完了したものを公開している。本文まで公開している資料点数はまだ少ないが、今後も順次公開する予定である。

　(1)　図書や論文に限定されない、写真や測量機器等の博物資料も含む工

学史料を公開していく。

(2)　旧制大学期の卒業論文等を公開するために、独自の著作物利用許諾書を作成し、電子化・Web掲載の手続きを進める。

(3)　海外への情報発信を視野に入れ、タグ及びメタデータを日英併記にする。今後はデータベース名称や各ページ文章についても対応を予定している。

また、2020年3月13日現在、以下のものを公開している。
- ・旧制大学期工科大学・工学部卒業論文(メタデータと画像54件)
- ・博士論文(メタデータと画像2件)
- ・教育用資料(メタデータと画像11件)
- ・三井田誠二・三井田純一資料(メタデータと画像27件)
- ・工学部紀要(メタデータのみ204件)
- ・山本武蔵教授科學史編纂委員會関係文書(メタデータと画像74件)
- ・コレクション「和古書」(10点、メタデータと画像39件))
- ・コレクション「蔵書印・蔵書票」(メタデータと画像4件)
- ・コレクション「旧制帝国大学採鉱及冶金学科関係史料写真」(メタデータと画像37件)(一部は「東京大学デジタルアーカイブズ構築事業(2019年度実施)」により電子化)

8-1　システム記述

8-1-1　Omeka S

「工学史料キュレーションデータベース」は、「Omeka S」[39]というソフトウェアを用いて開発している。Omekaとは、デジタルコレクションを構築するためのオープンソースソフトウェア(Open Source Software: OSS)のコンテンツ管理システム[40]であり、ジョージ・メイソン大学のRoy Rosenzweig Center for History and New Mediaによって開発されている。「テーマ」を用いてUI(ユーザインタフェース)を変更し、「プラグイン」を用いて機能を拡張する

ことができる。2008年に初版となるパブリック・ベータ版がリリースされ、その後コミュニティによる継続的な開発・改良が進められ、2019年2月に10周年を迎えた。また、2017年の11月には、Omeka S という新しいソフトウェアが正式に公開され、これにより、従来の Omeka の名称が Omeka Classic に変更となった。

Omeka S が提供する機能群のうち、特徴的な点は、Linked Data への標準対応である。Linked Data とは、Web 上のデータをつなぐことで、新しい価値を生み出そうとする取り組みであり、データを共有(公開)し、相互につなぐ仕組みを提供する。例えば、Omeka S に登録されたアイテム(資料を管理する単位)やメディア(画像や動画等)には URI(Uniform Resource Identifier)が自動的に与えられ、その URI にアクセスすることにより、当該資源に関する情報(メタデータ)が JSON-LD 形式で出力される。なお、JSON-LD とは JSON(JavaScript Object Notation)という軽量なデータ交換フォーマットを利用して、Linked Data を表現するためのフォーマットである。このデータを介して、アイテム同士の関係やアイテムとメディアとの関係、インターネット上の他のリソースとのつながりを記述することができる。

8-1-2　画面例

ここでは、工学史料キュレーションデータベースの画面を示しながら、主要な機能群について説明する。詳しい利用方法については、工学史料キュレーションデータベースのヘルプページを参照されたい。

検索機能としては、キーワード検索機能を提供する。キーワード検索では、全文検索機能の他、図13右に示すように、タイトルや作成者等の特定の項目を指定した検索機能を提供する。検索結果は図13左に示すように、サムネイル画像とともに表示される。

図14に示す閲覧画面では、資料に関する情報(メタデータ)の表示と、画像を持つものについては画像閲覧用のビューアが表示される。

メタデータについては、図14右に示すように画面上で表示される他、プ

図13　サムネイル画面（左）とキーワード検索画面（右）

図14　画像の閲覧画面（左）と資料の詳細画面（右）

ラグインの追加により、図14左下に示すように、CSVやJSON-LD形式での
ダウンロードを可能としている。メタデータをRDFで記述するにあたって
は、語彙としてDublin Coreを利用している。

　また、画像については、画像共有のための国際規格であるIIIF（International
Image Interoperability Framework）に準拠した画像公開を行っている。図14左は、
IIIF対応の画像ビューアであるUniversal Viewerを用いて画像を表示している
例を示す。

8-1-3　その他の機能——API・データのダウンロード
　ここでは、8-1-2で説明した画面とは別に、API等を用いた公開データへ

のアクセスを可能とする機能群について述べる。

　まず、Omeka Sが標準機能として提供するREST APIを用いることで、工学史料キュレーションデータベースで公開されているデータを機械的に取得することができる。個々の資料のメタデータは上述したプラグインを用いてダウンロードすることができるが、各種検索条件に応じた資料の一覧を一括で取得する際等には、APIによるアクセスが有効である。APIのエンドポイントは「https://curation.library.t.u-tokyo.ac.jp/api」であり、利用方法については公式ドキュメント[41]を参照されたい。このAPIを利用することで、日本国内のIIIF準拠画像に対する横断検索システム「IIIF Discovery in Japan」[42]に対して、工学史料キュレーションデータベース上で公開されている画像を機械的に登録している。このように、公開システムである工学史料キュレーションデータベースとは異なるソフトウェアやアプリケーションにおいても、画像をシームレスに利用することができる点が、画像の相互運用性を高めるIIIFの利点の一つである。

　また、Omeka Sのプラグインの一つである「OAI-PMH Repository」を用いることで、工学史料キュレーションデータベースのメタデータをOAI-PMHで提供している。OAI-PMHとはデータベース中のまとまったメタデータの受け渡しを可能とするプロトコルで、setsによる取得範囲の指定や、from（開始日）やuntil（終了日）を指定することで、特定の日に作成・更新・削除されたメタデータを取り出すことができる。このAPIを利用することで、東京大学内の学術資産を横断的に検索可能なポータルシステム「東京大学学術資産等アーカイブズポータル」[43]へのデータ提供を行っている。様々なシステムから公開資料が検索可能となることにより、資料の発見可能性の向上を目指している。

8-2　デジタルアーカイブの効果
8-2-1　目録による通覧性の提供
前述のとおり、工学史料キュレーション事業の最初のデジタル公開は、図

書室が所蔵する東京大学成立(1949年5月)以前の旧制大学期の卒業論文、実習報告(1879〜1949)の目録を、東京大学学術機関リポジトリUTokyoRepositroyへ登録し、公開したことである。

　この目録の公開によって、インターネット上で資料を一覧することが可能となった。これにより、学生や教職員をはじめとする研究者が資料の存在を知り、教育・研究に役立てることができる。

　2010年度第4回運営委員会資料「工学史」の構想(メモ)には次のとおり記されている。

　　工学は日本・世界の近代に極めて大きな貢献を果たしてきた。しかし、本格的な「工学史」は存在していない。
　　日本の工学のかなりの部分を東京大学工学部が作ってきた、東大工学史を外しては、日本の工学史は成り立たない。

　このことから、この目録の公開により、日本の工学史において、どのようなテーマが東京大学工学部で研究されてきたかを一望のもとに知ることができ、目録自体に学術的な価値があると考えられる。今後、論文本文の公開が進めば、日本の工学史研究において、大変大きな意義を持つものとなり、東京大学の貴重な資料の価値をさらに高めるものとして、その効果が期待される。

　この取り組みの成果は、過去の業績を現在につなぐものとして、来る2027年の東京大学150年史編纂事業の基礎資料としても位置づけられると考えられている。

8-2-2　資料の利用と保存の両立

　デジタルアーカイブを使うことで、図書館業務として良いと思われることに、以下の点がある。

　(1)情報発信を強化し、研究の効率化を助けることができる。インター

ネットを使って、世界中の多くの人に対して、迅速に情報・資料を
提供できる。

(2)資料原本を破損等から守ることができる。資料の閲覧・複写利用希
望者には、デジタルデータを提供することによって、閲覧利用や複
写物を容易に提供できる。一方、原本は大切に保管しておける。

(3)拡大して読める。肉眼では見にくい、または見落としてしまう細部
を拡大して見ることができる。

(4)資料の検索機能を広げることができる。独自構築のデータベースを
公開することにより、東京大学の場合、学術資産アーカイブ化推進
室が実施する「東京大学学術資産等アーカイブズポータル」により横
断検索の対象となる。ひいては、「ジャパンサーチ」等により、「工学
史料キュレーションデータベース」を知らなくとも、公開データを活
用いただける環境がある。

9　課題

2016年度に現職に着任して以来、前任から引き継いだ「工学史料キュレー
ション事業」に携わってきた。事務部としての規則の改正、課内WGによる
取り組みにより、資料保存環境の改善、資料の電子化、UTokyoRepositoryに
よる目録データの公開、工学史料キュレーションデータベースによる画像
データの公開等、学内外のご支援、ご協力をいただき、いくつかのことを進
められた。しかし、以下の点で課題は残っている。

9-1　人材の育成、情報やノウハウの伝達について

人材的に恵まれていると思う現在の状況でも、この業務に取り組む意欲や
技術・知識は職員の間で様々である。また、常勤職員は、1〜3年で異動す
るので、アーカイブに関する知識や技術、意欲を持つ職員を常に配置するの
は難しい。現状では、工学史料キュレーション事業の全ての作業を、当館の

全図書室の実務ベースのルーチンに落とし込めているわけではない。

　これからも工学史料キュレーション事業は、当課の事業として、工学系、情報理工学系の支援を受け、当館全体で組織として事業に取り組む体制を継続し、確立していく必要がある。その中で、実務に必要な研修等の機会を作り、様々な資料を工学史料として見分けられる職員を増やすこと、初歩的な資料の取り扱いをスキルとして身につけ、さらには、研究者が史料にアクセスするルートを作れる職員を育てていくことによって、工学史料キュレーション事業の充実が期待できる。

9-2　対象資料、保存スペース、デジタル公開について

　この4年間、工学部・工学系、情報理工学系研究科の学術資産となる資料や物品の調査を定期的に行い、収集に努めているが、授業で使われた図面、写真、地図等の貴重な資料の整理・公開・保存はこれからであり、調査・保存はますます急務となっている。

　今後も、学内外の教員、研究者、職員の協力を得て、収集と公開が利用者にも管理者にもわかりやすい仕組みを常に検討すること、データベースや展示において、資料の関連性の見せ方を考えていく等、工学史料キュレーション事業をさらに発展させていってほしいと願って止まない。

　注
1）　http://library.t.u-tokyo.ac.jp/index.php（最終アクセス：2020年2月13日）
2）　滝沢正順（1988）「工部大学校書房の研究（1）」『図書館界』**40**（1）, 2-11.
3）　http://library.t.u-tokyo.ac.jp/news/201703_utrepo_up.html（最終アクセス：2020年2月13日）
4）　http://library.t.u-tokyo.ac.jp/news/20170901_computer.html（最終アクセス：2020年2月13日）
5）　http://library.t.u-tokyo.ac.jp/news/20190128_kenji.html（最終アクセス：2020年2月13日）
6）　http://library.t.u-tokyo.ac.jp/news/20190320_kenzo.html（最終アクセス：2020年2月13日）
7）　https://www.libraryfair.jp/poster/2019/8634（最終アクセス：2020年3月9日）

8）　http://gazo.dl.itc.u-tokyo.ac.jp/kozan/index.html（最終アクセス：2020年2月13日）

9）https://elf-c.he.u-tokyo.ac.jp/courses/396/pages/xian-da-jin-a-chuan-cun-shan-sha-tie-xi- qu-zhi-tu（最終アクセス：2020年2月13日）

10）　http://library.t.u-tokyo.ac.jp/news/20160802_tenji.html（最終アクセス：2020年2月13日）

11）　http://library.t.u-tokyo.ac.jp/news/20161118_talkevent_sokuryo.html（最終アクセス：2020年2月13日）

12）　http://library.t.u-tokyo.ac.jp/news/20170110_daiku.html（最終アクセス：2020年2月13日）

13）　http://library.t.u-tokyo.ac.jp/news/20170110_behaimglobe.html（最終アクセス：2020年3月9日）

14）　http://library.t.u-tokyo.ac.jp/news/20170130_dnptalk.html（最終アクセス：2020年2月13日）

15）　http://library.t.u-tokyo.ac.jp/news/20170629_talk.html（最終アクセス：2020年2月13日）

16）　http://library.t.u-tokyo.ac.jp/news/20170330_kikai_ext.html（最終アクセス：2020年2月13日）

17）　http://library.t.u-tokyo.ac.jp/news/20171012_talk.html（最終アクセス：2020年2月13日）

18）　http://library.t.u-tokyo.ac.jp/news/20170706_concrete.html（最終アクセス：2020年2月13日）

19）　http://library.t.u-tokyo.ac.jp/news/20170721_civil.html（最終アクセス：2020年2月13日）

20）　http://library.t.u-tokyo.ac.jp/news/20170901_computer.html（最終アクセス：2020年2月13日）

21）　http://library.t.u-tokyo.ac.jp/news/20180109_origami.html（最終アクセス：2020年2月13日）

22）　http://library.t.u-tokyo.ac.jp/news/20180122_lecture.html（最終アクセス：2020年2月13日）

23）　http://library.t.u-tokyo.ac.jp/news/20180801_hatsuden.html（最終アクセス：2020年2月13日）

24）　http://library.t.u-tokyo.ac.jp/news/20181017_civil.html（最終アクセス：2020年2月13日）

25）　http://library.t.u-tokyo.ac.jp/news/20181107_iron_and_gold.html（最終アクセス：2020年2月13日）

26）　http://library.t.u-tokyo.ac.jp/news/20190204_iron_and_gold_photo.html（最終アクセス：2020年2月13日）

27）　http://library.t.u-tokyo.ac.jp/news/20190306_kozan.html（最終アクセス：2020年2月13日）

28） http://library.t.u-tokyo.ac.jp/news/20190128_kenji.html（最終アクセス：2020年2月13日）

29） http://library.t.u-tokyo.ac.jp/news/20190320_kenzo.html（最終アクセス：2020年2月13日）

30） http://library.t.u-tokyo.ac.jp/news/20190902_noro.html（最終アクセス：2020年2月13日）

31） http://library.t.u-tokyo.ac.jp/news/20191002_oaweek.html（最終アクセス：2020年2月13日）

32） https://www.lib.u-tokyo.ac.jp/ja/library/general/event/20191016（最終アクセス：2020年2月13日）

33） http://library.t.u-tokyo.ac.jp/news/20191128_talk.html（最終アクセス：2020年2月13日）

34） http://library.t.u-tokyo.ac.jp/news/20200106_shibusawa.html（最終アクセス：2020年2月13日）

35） http://museum.ipsj.or.jp/heritage/parametron2013.html（最終アクセス：2020年2月13日）

36） 森口繁一（1968-1969）『JIS FŌRTRAN入門——HARP5020に即して』上・下，東京大学出版会．

37） http://museum.ipsj.or.jp/heritage/JIS_Fortran.html（最終アクセス：2020年2月13日）

38） https://curation.library.t.u-tokyo.ac.jp/s/db/page/home（最終アクセス：2020年2月13日）

39） Omeka S（https://omeka.org/s/）（最終アクセス：2019年8月26日）

40） Omeka（https://omeka.org）（最終アクセス：2019年8月26日）

41） REST API - Omeka S Developer Documentation（https://omeka.org/s/docs/developer/api/rest_api/）（最終アクセス：2020年3月9日）

42） 中村覚・永崎研宣（2018）「日本国内のIIIF準拠画像に対する横断検索システムの構築」『研究報告人文科学とコンピュータ（CH）』**2018-CH-118**（8），1-6.

43） 【プレスリリース】東京大学学術資産等アーカイブズポータルの公開（https://www.lib.u-tokyo.ac.jp/ja/library/contents/archives-top/pr20190617）（最終アクセス：2019年8月26日）

あとがき

　『デジタルアーカイブ・ベーシックス　第3巻』では、第1巻の「法律」、第2巻の「災害」に続き、「自然史・理工系分野」におけるデジタルアーカイブをテーマとしました。自然史・理工系分野におけるデジタルアーカイブの取り組みをまとめた情報源は、管見の限りは見当たらず、今までにない論集になっていると思います。また執筆者の皆様には、研究データ、オープンサイエンス、ビッグサイエンス、学際研究、といったホットなトピックに関する先進的かつ具体的な事例についてご紹介いただいており、多様な学びを得られる内容となっています。

　「自然史・理工系分野」におけるデジタルアーカイブをテーマに設定した理由として、人文社会系分野と比較して、認知度が社会一般だけでなく関連学界の間でも十分でないことがあげられます。そのため、他分野のデジタルアーカイブとの連携協力を図るためにも、当該分野における現状を広く共有できるような論集を目指しました。一方で、自然史・理工系分野は物理学、天文学、地球惑星科学、生物学、林学、建築学など多岐にわたります。

　そのため本巻では、これらの分野と、上述したトピック（研究データ、オープンサイエンス、学際研究など）をマトリックスの形で整理し、各論考のテーマが分散するような論集の構成を試みました。この工夫が、当該分野における多様なデジタルアーカイブの現状理解につながれば幸いです。もちろん自然史・理工系分野は多岐にわたるため、本巻で取り上げた分野やトピック、事例は、対象とする分野のほんの一部です。本巻が当該分野における取り組みを知る上での第一歩となり、対象範囲や事例を広げていく

形で発展させていくきっかけになればと考えています。

　最後になりますが、執筆に関わってくださった全ての皆様に感謝申し上げます。編集委員の皆様、勉誠出版の坂田亮さんには、それぞれの専門性を生かした的確なレビューをいただきました。なによりも、大変お忙しい中、論考を執筆してくださった執筆者の皆様に、心より感謝申し上げます。

　『デジタルアーカイブ・ベーシックス』シリーズは、第4巻以降もこれまでにない画期的な論集になるはずです。本シリーズを通じて、自身の専門とは異なる分野、馴染みのない分野における取り組みを知ることで、自身の専門分野への新しい知見の導入や、他分野との知見の共有が進むことを期待しています。これにより、デジタルアーカイブに関わる人々が課題を共有し、それを解決するために協働することで、デジタルアーカイブの理論と実践がよりよい方向に進むようになることを期待して、あとがきとさせていただきます。

2020年2月

編集委員会を代表して
第3巻編集責任者

中 村 　覚

執筆者一覧

監　修

井上　透(いのうえ・とおる)

1952年生まれ。岐阜女子大学文化創造学部教授。

専門は情報学、シソーラス、博物館学。

著書・論文に『地域文化とデジタルアーカイブ』(共著、樹村房、2017年)、『ミュージアムのソーシャルネットワーキング』(共著、樹村房、2018年)、『新版　デジタルアーキビスト入門』(共著、樹村房、2019年)、「デジタルアーカイブと人材育成」(共同執筆、『デジタルアーカイブ学会誌』**2**(4)、2018年)、「レジエレンス強化に資するデジタルアーカイブ活用」(『日本教育情報学会第32回年会論文集』、2016年)がある。

責任編集

中村　覚(なかむら・さとる)

1988年生まれ。東京大学情報基盤センター助教。

専門は情報学、人文情報学。

著書・論文に『歴史情報学の教科書』(分担執筆、文学通信、2019年)、「Linked Dataとデジタルアーカイブを用いた史料分析支援システムの開発」(『デジタル・ヒューマニティーズ』**1**、2019年)、「Linked Dataを用いた歴史研究者の史料管理と活用を支援するシステムの開発」(『情報処理学会論文誌』**59**(2)、2018年)がある。

執筆者（掲載順）

大澤剛士（おおさわ・たけし）

1978年生まれ。東京都立大学都市環境科学研究科准教授。

専門は生物多様性情報学、応用生態学、保全科学。

著書・論文に Perspectives on Biodiversity Informatics for Ecology, *Ecological Research*, **34**, 2019、「ICTが拓いた生態学における市民参加型調査の可能性と、持続可能な体制の確立に向けた切実な課題」（分担執筆、『情報通信技術で革新する生態学——加速するオープンデータとオープンサイエンス』、2018年）がある。

南山泰之（みなみやま・やすゆき）

1983年生まれ。情報・システム研究機構国立情報学研究所 オープンサイエンス基盤研究センター。

専門は図書館情報学。

論文に「研究データ管理における機関リポジトリの可能性」（『大学図書館研究』**103**（0）、2016年）、「データジャーナル『Polar Data Journal』創刊の取り組み——極域科学データの新たな公開体制構築に向けて」（『情報管理』**60**（3）、2017年）、「電子データのメタデータ記述におけるNCR2018の適用可能性について」（『TP&Dフォーラムシリーズ　整理技術・情報管理等研究論集』**27**・**28**、2019年）がある。

玉澤春史(たまざわ・はるふみ)

1982年生まれ。京都市立芸術大学美術研究科研究員、京都大学文学研究科研究員。

専門は太陽物理学・宇宙天気予報研究を軸に科学コミュニケーション、歴史天文学など学際宇宙研究。

著書・論文に『シリーズ宇宙総合学』(共編、朝倉書店、2019年)、「オープンサイエンスの側面から見る異分野連携研究」(『生物学史研究』**97**、2018年)がある。

大西　亘(おおにし・わたる)

1981年生まれ。神奈川県立生命の星・地球博物館学芸員。

専門は植物分類学。

著書に『神奈川県植物誌2018』(共著、神奈川県植物誌調査会、2018年)、『植物誌をつくろう！──『神奈川県植物誌2018』のできるまでとこれから』(共著、神奈川県立生命の星・地球博物館、2018年)がある。

細矢　剛(ほそや・つよし)

1963年生まれ。国立科学博物館　植物研究部菌類・藻類研究グループ長、標本資料センター副コレクションディレクター。

専門は菌類系統分類学。

著書に『菌類のふしぎ──形とはたらきの驚異の多様性』(責任編集、東海大学出版部、2014年)、『科学を伝え、社会とつなぐサイエンスコミュニケーションのはじめかた』(分担執筆、丸善出版、2017年)がある。

中村和彦（なかむら・かずひこ）

1984年生まれ。東京大学大学院農学生命科学研究科助教。

専門は森林環境教育における ICT 活用。

論文に Multi-Timescale Education Program for Temporal Expansion in Ecocentric Education: Using Fixed-Point Time-Lapse Images for Phenology Observation（With Fujiwara, A. et al.）, *Education Sciences*, **9**（3）, 2019、「大都市圏と森林をつなぐ新しい教育資源の可能性——機会の限られた自然体験を補完・拡張する映像音声アーカイブの活用」（『大都市圏の環境教育・ESD——首都圏ではじまる新たな試み』筑波書房、2017年）、「映像アーカイブを素材としたフェノロジー観察教材の開発方針」（共同執筆、『環境教育』**23**（3）、2014年）がある。

岩崎　仁（いわさき・まさし）

1954年生まれ。京都工芸繊維大学准教授。

専門は環境材料、社会科学・科学技術史。

著書・論文に『南方熊楠大事典（共著、勉誠出版、2012年）、『南方熊楠の森』（共編、方丈堂出版、2005年）、「南方動画、その背景と周辺」（『熊楠works』**48**、2016年）がある。

岩橋清美（いわはし・きよみ）

1965年生まれ。国文学研究資料館特定研究員。

専門は日本近世史。主として文化史・地域史・天文学史。

著書・論文に『近世日本の歴史意識と情報空間』（名著出版、2010年）、『オーロラの日本史』（共著、平凡社、2019年）、『幕末期の八王子千人同心と長州征伐』（共編著、岩田書院、2019年）、「太陽黒点観測に見る近世後期の天文認識」（『国文学研究資料館紀要　文学研究篇』**46**、2020年）、「古典籍にみるオーロラ——新たな学融合の扉を開く」（共著、『科学』**87**（9）、岩波書店、2017年）がある。

市村櫻子(いちむら・さくらこ)

1959年生まれ。東京大学工学系・情報理工学系等情報図書課長。

専門は図書館学。

論文に「東京大学柏図書館における「世界結晶年」企画――開館10周年記念と連携して」(共同執筆、『日本結晶学会誌』56(6)、2014年)、「生涯にわたるキャリア形成を支援する――「図書館・情報担当者をエンパワーする　情報事業に関わる女性のキャリアをひらく」開催報告」(共同執筆、『薬学図書館』58(4)、2013年)がある。

監修

井上 透（いのうえ・とおる）

岐阜女子大学文化創造学部教授。専門は情報学、シソーラス、博物館学。
主な著書に『地域文化とデジタルアーカイブ』（共著、樹村房、2017年）、『ミュージアムのソーシャルネットワーキング』（共著、樹村房、2018年）、『新版　デジタルアーキビスト入門』（共著、樹村房、2019年）がある。

責任編集

中村 覚（なかむら・さとる）

東京大学情報基盤センター助教。専門は情報学、人文情報学。
主な著書・論文に『歴史情報学の教科書』（分担執筆、文学通信、2019年）、「Linked Dataとデジタルアーカイブを用いた史料分析支援システムの開発」（共同執筆、『デジタル・ヒューマニティーズ』1、2019年）、「Linked Dataを用いた歴史研究者の史料管理と活用を支援するシステムの開発」（共同執筆、『情報処理学会論文誌』59(2)、2018年）などがある。

デジタルアーカイブ・ベーシックス 3

自然史・理工系研究データの活用

2020 年 4 月 20 日　初版発行

監　　修　井上透
責任編集　中村覚
発 行 者　池嶋洋次
発 行 所　勉誠出版株式会社
　　　　　〒 101-0051　東京都千代田区神田神保町 3-10-2
　　　　　TEL：(03)5215-9021(代)　FAX：(03)5215-9025

印　刷
製　本　中央精版印刷

ISBN978-4-585-20283-7　C1000

デジタルアーカイブ・
ベーシックス1
権利処理と
法の実務

著作権、肖像権・プライバシー権、所有権…。デジタルアーカイブをめぐる「壁」にどのように対処すべきか。
デジタルアーカイブ学会第2回学会賞（学術賞）受賞！

福井健策 監修
数藤雅彦 責任編集
本体 2,500 円（＋税）

デジタルアーカイブ・
ベーシックス2
災害記録を
未来に活かす

博物館、図書館のみならず、放送局や新聞社など、各種機関・企業が行なっているデジタルアーカイブの取り組みの実例を紹介。記録を残し、伝えていくこと、デジタルアーカイブを防災に活用することの意義をまとめた一冊。

今村文彦井 監修
鈴木親彦 責任編集
本体 2,500 円（＋税）

入門
デジタル
アーカイブ
まなぶ・つくる・つかう

デジタルアーカイブの設計から構築、公開・運用までの全工程・過程を網羅的に説明する、これまでにない実践的テキスト。
これを読めば誰でもデジタルアーカイブを造れる！

柳与志夫 責任編集
本体 2,500 円（＋税）

これからの
アーキビスト
デジタル時代の人材育成入門

技術的な観点だけでなく、社会制度としてのアーカイブづくりに貢献できる人材のあり方に視野を拡大。
MLA連携や文化資源の組織化などを担える、デジタル化を前提とする将来的なアーキビストのあり方を論じる。

NPO知的資源イニシアティブ 編
本体 2,500 円（＋税）

わかる！
図書館情報学シリーズ 1
電子書籍と
電子ジャーナル

「電子書籍」や「電子ジャーナル」など、図書館の枠組みに大きく影響を与える新メディア。その基礎的な技術からメリット・デメリット、図書館における利活用まで丁寧に解説する。

日本図書館情報学会研究委員会編
本体 1,800 円（＋税）

わかる！
図書館情報学シリーズ 2
情報の評価と
コレクション形成

データの海を泳ぐために、図書館情報学が導き出す理論。情報化社会を生きる現代人に必須の「評価基準」とは何か。理論から実践・実例までを備えた、基礎的テキストの決定版。

日本図書館情報学会研究委員会編
本体 1,800 円（＋税）

わかる！
図書館情報学シリーズ 3
メタデータと
ウェブサービス

メタデータによる書誌的記録管理や国際規格の現在を探り、検索エンジンやクラウド・コンピューティングの可能性を探る。

日本図書館情報学会研究委員会編
本体 1,800 円（＋税）

わかる！
図書館情報学シリーズ 4
学校図書館への
研究アプローチ

近年の動きとともに多様化する学校図書館のありかた。司書教諭や学校司書など実務者まで含めた執筆陣が、個別具体的な研究の最前線を紹介する。

日本図書館情報学会研究委員会編
本体 1,800 円（＋税）

わかる！
図書館情報学シリーズ5
公共図書館運営の
新たな動向

評価制度、指定管理者制度、正規・非
正規など多様な立場からなる図書館組
織、住民との「協働」、個人情報の扱
い方、「建築」のあり方や老朽化など、
公共図書館が今後直面する問題を提示
する。

日本図書館情報学会研究委員会 編
本体 1,800 円（＋税）

ライブラリーぶっくす
専門図書館探訪
あなたの「知りたい」に
応えるガイドブック

全国の特色ある 61 の図書館を文章と
カラー写真で案内。アクセス方法や開
館時間、地図など便利な情報付き。
知的好奇心を満たす図書館がきっと見
つかる一冊！

青柳英治・長谷川昭子 共著
専門図書館協議会 監修
本体 2,000 円（＋税）

ライブラリーぶっくす
世界の図書館から
アジア研究のための
図書館・公文書館ガイド

膨大な蔵書や、貴重なコレクションを
有する代表的な 45 館を世界各地から
精選・紹介。
現地での利用体験に基づいた、待望の
活用マニュアル！

U-PARL 編
本体 2,400 円（＋税）

ライブラリーぶっくす
図書館の日本史

図書館はどのように誕生したのか？ 歴
史上の人物たちはどのように本を楽しみ、
収集し、利用したのか？
古代から現代まで、日本の図書館の歴
史をやさしく読み解く、はじめての概説
書！

新藤透 著
本体 3,600 円（＋税）

ライブラリーぶっくす
司書のお仕事
お探しの本は何ですか？

司書課程で勉強したいと思っている高校生、大学生、社会人や、司書という仕事に興味を持っている方に向けて、司書の仕事をストーリー形式でわかりやすく伝える一冊。

大橋崇行 著
小曽川真貴 監修
本体 1,800 円（+税）

ライブラリーぶっくす
トップランナーの
図書館活用術
才能を引き出した
情報空間

各界のトップランナーたちはいかに図書館で鍛えられたか。彼らの情報行動を丹念に辿り、未来への展望を探る。全く新しい図書館論、読書論、情報活用論。

岡部晋典 著
本体 2,000 円（+税）

ライブラリーぶっくす
ポストデジタル
時代の
公共図書館

電子書籍市場の実態や米国図書館、日本の大学図書館との比較を通して、ポストデジタル時代に対応する公共図書館の未来像を活写する。

植村八潮・柳与志夫 編
本体 2,000 円（+税）

ライブラリーぶっくす
図書館員を
めざす人へ

憧れているだけでは分からない。司書・司書教諭になりたい人、必見！図書館で働きたい方に向けた、基礎知識から実践までのガイド。図書館員になるためのガイドブック＆インタビュー集の決定版！

後藤敏行 著
本体 2,000 円（+税）

ライブラリーぶっくす
知って得する
図書館の
楽しみかた

図書館で行われているイベントとは？
本はどのように探す？
誰もが図書館を自由自在に楽しみつく
すために、知っているようで知らない
図書館の使い方を若き館長が紹介す
る。

吉井潤 著
本体1,800円（＋税）

近世・近現代文書の
保存・管理の歴史

近世は幕府や藩、村方、商家等を対象
に、明治以降の近現代は公文書、自治
体史料などの歴史資料、修復やデジタ
ルアーカイブなどの現代的課題に焦点
を当てて、文書の保存・管理システム
の実態と特質を明らかにする。

佐藤孝之・三村昌司 編
本体4,500円（＋税）

日本の文化財
守り、伝えていくための
理念と実践

文化財はいかなる理念と思いのなかで
残されてきたのか、また、その実践は
いかなるものであったのか。
長年、文化財行政の最前線にあった著
者の知見から、文化国家における文化
財保護のあるべき姿を示す。

池田寿 著
本体3,200円（＋税）

英国の出版文化史
書物の庇護者たち

西洋における中世以降の書物の成り立
ちを辿りながら、18世紀イギリスの
出版文化における作家、パトロン、書
籍から新聞、広告といった全貌に迫る
快著。

清水一嘉 著
本体3,800円（＋税）